Ana Godínez / Gust

Planeación Estratégica
TOTAL®

También de Ana María Godínez y Gustavo Hernández

El Prodigio: Integra la Competitividad como herramienta clave en todas las áreas de tu vida.

Despertar: Libera el potencial infinito que hay dentro de ti.

Vitaminas para el Éxito: ¡Pasa de donde estás a donde quieras llegar con la dosis correcta!

Despertares I: 26 testimonios de DESPERTAR que cambiarán tu vida

Despertares II: Nuevos testimonios que alimentan el alma y estimulan el espíritu.

El Gran Libro de los Procesos Esbeltos: Los principios actuales de Lean Manufacturing en Negocios, Industrias y Oficinas ¡Aplicados sin Igual".

VENDE YA: Adquiere los secretos para convertirte en un Gran Vendedor y obtener lo que siempre deseaste, ¡incluso si has llegado a dudar de ti!

Lo que la Gente Lista sabe del Aprendizaje Descubre lo que ellos hacen y saben para que a ti te vaya igual o mejor que a ellos en tu vida profesional y personal.

Planeación Estratégica TOTAL. El método más buscado para tener una planeación estratégica exitosa

Empoderamiento Emprendedor. SNAP La Metodología que ha Formado EMPRENDEDORES IMPARABLES.

El Emprendedor SIN LÍMITES. SNAP: La Metodología que ha Formado EMPRENDEDORES IMPARABLES.

Sé tu Jefe en 6 MESES. SNAP La Metodología que ha Formado EMPRENDEDORES INNOVADORES.

Las Mejores Preguntas para Vender (Colección Oro). Cómo Aumentar las VENTAS de forma DIFERENTE. La Fórmula más rápida, rentable e INFALIBLE para VENDER MÁS y MEJOR.

Las Mejores Preguntas para Vender (Colección Platino). MAS DE Cómo Aumentar las VENTAS de forma DIFERENTE. La Fórmula más rápida, rentable e INFALIBLE para VENDER MÁS y MEJOR.

Recursos Humanos: HUMANOS. El Libro DEFINITIVO para aquellos que desean lograr Procesos y Relaciones Laborales ESTABLES y POSITIVAS: El Libro ESENCIAL para tener PERSONAL FELIZ y PRODUCTIVO ¡SIEMPRE!

Abundancia Ilimitada. Los Hábitos Clave para SER FELIZ, SALUDABLE y SIEMPRE lejos de los Problemas Económicos: La Fórmula para tomar CONTROL INMEDIATO de tu Presente y Futuro ¡y Ser FELIZ!

Innovación SNAP: Descubre cómo, desde emprendedores hasta transnacionales han obtenido resultados sin igual ¡sin complicaciones!

Liderazgo Definitivo. Cómo los líderes aumentan su éxito en la vida y los negocios.

Sé Feliz ¡Siempre!. ¡Crea el futuro que tu deseas!, aún cuando pienses que no puedes.

Productividad Millonaria. El camino único que garantiza que logres mucho más en menos tiempo.

Estrategia Disruptiva. Desata el Poder de la Estrategia al MÁXIMO NIVEL.

Poder Kaizen. El método preferido de mejora continua para maximizar los resultados de toda organización.

Planeación Estratégica TOTAL®

D.R.   © 2014, Gustavo Rogelio Hernández Moreno y
Ana María Godínez González

Publicado por:
© 2014, Ignius Media Innovation.,
León, Guanajuato, México
+52 (477) 773-0005
www.igniusmedia.com

Diseño de Cubierta:	Pablo Vázquez
Diseño de Interiores:	Gustavo Hernández
Diseño de Viñetas:	Napoleón Martín del Campo
Fotografía:	Gustavo Hernández
ISBN:	978-607-00-7779-1
Registro de Autor:	03-2014-022412222400-01

por ningún tipo de representante de ventas o distribución. Las recomendaciones y estrategias contenidas en el presente pueden no ser ajustadas a tu situación en particular.

Gustavo Hernández y Ana Godínez

Son Fundadores de Ignius Innovation® grupo de empresas de talla internacional dedicadas a integrar y generar diversos métodos y soluciones prácticas enfocadas en el desarrollo de las personas, empresas y organizaciones, dentro de la que destaca su empresa internacional de Consultoría y Asesoría Boutique Ignius Business Innovation® desde donde con sus métodos especializados sus clientes han logrado millones de dólares en ventas y utilidades.

Juntos se han dedicado al continuo descubrimiento y puesta en práctica de diversos métodos y alternativas que permiten a las personas y organizaciones expandir sus capacidades al máximo, creando empresas y gobiernos exitosos y altamente competitivos, generando abundancia y bienestar para todos los seres humanos.

Como autores no solamente se han destacado en el ámbito como escritores con libros muy vendidos, sino que han extendido su alcance a la autoría de Modelos de Trabajo, Viñetas de Apoyo, Videos de Entrenamiento, Sistemas Computarizados de Información y muchas otras soluciones que logran incrementar la eficiencia de las organizaciones y de las personas.

Como empresarios y emprendedores tienen una dedicación incansable hacia la creación de soluciones que ayuden a las personas y organizaciones a tener una mayor prosperidad, algunos de sus ejemplos son sus software exclusivos como: SalesNess, GreatNess y qué decir de Big River IPN Y www.bigriverclick.com empresa y software dedicada al desarrollo, administración y mejora del talento y entrenamiento continuo de personas y colaboradores el cual tiene un alcance mundial

¿Por qué es indispensable que tengas, leas y comprendas este Libro?

A lo largo de los años y gracias a la oportunidad de trabajar con cientos de organizaciones en toda América, nos ha quedado muy claro la importancia y trascendencia que tiene La Planeación Estratégica en el éxito, desarrollo y expansión de cualquier empresa.

La mayoría de las personas y organizaciones también consideran la Estrategia como algo importante para el éxito empresarial, sin embargo, la mala noticia es que pocas empresas ejecutan su Estrategia y se disciplinan para hacer realidad todos los planes que dejan en papel al momento de hacer una Planeación Estratégica.

Es indispensable que tengas este libro para que conozcas, a detalle, los elementos clave que hacen a una estrategia exitosa y también los obstáculos o barreras que lo impiden y otras situaciones que convierten a una estrategia en algo sólo romántico y en un sueño que al final no sucede en la realidad y nunca llega a concretarse o hacerse presente de manera eficaz dentro de tu organización empresarial.

Es lamentable cómo muchos líderes, hoy en día, no creen y menos están conscientes de lo relevante de poner acciones en este tema, es cierto que muchos han dejado sus intenciones de ejecutar la estrategia en el camino, debido a métodos complejos, que sólo pocos entienden y que al final, por no tener todo el panorama completo se renuncia a hacerlo y se escuchan frases como: "la estrategia no funciona" "mi gente no lo entiende y prefiero que trabajen en otras cosas más trascendentes" "la estrategia siempre es romántica y se queda en planes" "siempre es lo mismo, nos juntamos cada año y al final no sucede nada, la operación y el día a día nos ganan" "la estrategia es frustrante, ya que planeamos y nunca llegamos a las metas" "mi gente ya no cree en la estrategia", etc.

Si has escuchado estas y otras frases en relación a la estrategia, es indispensable que comiences de inmediato a leer y aprender de las nuevas ideas que en este libro te compartimos con mucho entusiasmo. Este libro, que página a página te comparte los conceptos clave que dan la base a una Planeación Estratégica, herramientas y ejemplos que te permitirán entender a profundidad el apasionante mundo de la organización empresarial sobre la Planeación Estratégica.

Hoy tienes en tus manos un libro que es indispensable que leas y compartas con el personal de tu empresa, si tu intención es mejorar los resultados del año anterior, incrementar tu nivel de ventas, aumentar tu participación de mercado, encontrar solución a ese problema que está frenando el crecimiento y que hace que pierdas competitividad o clientes, etc. ¡Este libro es para Ti!

A partir de este momento te invitamos a recorrer junto con nosotros este libro, y el reto es invitarte a poner acción de inmediato a todo lo que te vaya despertando la lectura de este libro; imaginación, creatividad, innovación, ya que al igual que tú ¡Queremos que tu empresa sobresalga y cada día tenga mejores resultados y mayores ganancias financieras y de impacto social!

¡Bienvenido a una nueva historia empresarial donde tú y tus colaboradores pueden cambiar el rumbo de su organización para lograr mejores resultados!

Introducción

Hace más de una década, cuando comenzábamos a trabajar con diversas organizaciones el tema de Mejora de Procesos, Manufactura Lean o Reingenierías de Procesos, nos percatamos de que la mayoría de todas estas organizaciones pequeñas, medianas y grandes no tenían una estrategia definida y clara que todos los colaboradores conocieran, comprendieran y trabajaran en una sola dirección para que sucediera lo que deseaban en su entorno laboral.

Por el contrario, nos dimos cuenta que la estrategia, cuando la tenían, sólo se concebía entre el director y algún personal directivo clave y estos se juntaban al final de cada año para hacer la Planeación Estratégica de la empresa. Debemos comentar que algunos tenían éxito, pero para la gran mayoría de ellos, la estrategia era romántica, un esfuerzo desgarrador y un calvario, pues no sucedía, debido a que el día a día, la operación diaria y todos los problemas que surgen por malos procesos o falta de estandarización, impedían tener tiempo para dar seguimiento a lo planeado en la estrategia, y como es lógico, si había otras cosas o actividades más urgentes, lo de la estrategia se posponía, y como esto sucedía frecuentemente, al final de un año no acontecía nada o muy poco de lo planeado se había llevado a cabo, y como la estrategia se hace cada año se volvían a juntar para planear el siguiente año, y bueno… pues esto es el cuento de nunca acabar. Un cuento que probablemente has escuchado desde tu infancia y, que como te darás cuenta, no tiene un final alentador, mucho menos feliz.

Al ser expertos en procesos y apasionados del tema, nos dimos cuenta que la Planeación Estratégica también es un proceso que, para que sea exitoso, debe de incluir una metodología práctica y entendible, para todas las personas y, no sólo para la dirección de la empresa. Así que, sabiendo esto y con el propósito de ayudar a las empresas, el reto para nosotros fue investigar las mejores prácticas de la Planeación Estratégica, leer cientos de libros de los autores más prestigiados en el tema, sumar e integrar las herramientas prácticas y que pudieran ser entendidas e implementadas por la mayor cantidad de personas de las empresas e instituciones y así es como se concibió este libro que denominamos con el nombre de "El Método de Planeación Estratégica Total®"

Por más de nueve años nuestro método de Planeación Estratégica Total® se ha probado con cientos de empresas privadas, instituciones gubernamentales, corporativos de todo el mundo y que tienen presencia en América, durante todo este tiempo y creyendo en la mejora continua como pilar y visión de Ignius, es lógico que el método también sea mejorado, perfeccionado y hoy tenemos la certeza que funciona, además como siempre estamos cerca de nuestros clientes, también hemos sido testigos de cómo las empresas con quien hemos trabajado y que año con año siguen la disciplina del método han crecido, alcanzan sus objetivos, re-direccionan sus actividades y mejoran sus resultados.

Si nos preguntaras ¿cuáles son los beneficios tangibles que Planeación Estratégica Total® le ha dado a nuestros clientes? Te comentaremos que esta nueva metodología logra:

- Entendimiento práctico y despliegue de la estrategia a todo el personal de las organizaciones e instituciones. Ha permitido que todos los colaboradores se sientan parte, sumen y tomen acción desde su área o departamento para apoyar al logro de la estrategia y visión de la organización.

- Una cultura de enfoque a resultados y, por lo tanto, el logro de metas año con año, gracias a la medición y evaluación semana a semana y cada trimestre del año, lo que permite que los colaboradores entiendan que "La estrategia es algo serio y formal para el crecimiento de la empresa".

- Crecimiento profesional y personal de las personas que conforman las organizaciones, ya que la estrategia requiere pensamiento inventivo, nuevas habilidades y herramientas. Nuestro método deja claro que, "si seguimos haciendo las cosas de la misma manera, vamos a seguir teniendo los mismos resultados".

- Que la dirección y líderes de la empresa hagan su trabajo y deja muy claro qué tiene que hacer cada quien para que suceda lo planeado.

- El involucramiento de todo el personal en la estrategia ya que hace énfasis en las consecuencias positivas y negativas de lograr o no lograr los objetivos planteados. En resumen, "la organización crece en todos los sentidos, se incrementa la motivación por el logro de metas, se mejora la comunicación y el trabajo en equipo.

- Logra mejor aprovechamiento de los recursos financieros, tiempo, personas, esfuerzos.

-

- Y como dicen en el teatro "Comenzamos… este recorrido divertido, didáctico y ágil por el método de Planeación Estratégica Total®.

Ana Godínez / Gustavo Hernández

Índice

SECCION 1
LA PLANEACION ESTRATÉGICA

LA CLAVE DEL ÉXITO DE LAS PERSONAS Y DE LAS ORGANIZACIONES

Ana Godínez / Gustavo Hernández

19

EL RETO ERA ESTE: SI ALGUIEN PODÍA DERROTAR A GOLIATH, ENTONCES EL EJÉRCITO FILISTEO SE RENDIRÍA...

SU MAJESTAD, TENGO LOS NOMBRES DE NUESTROS MEJORES SOLDADOS; ELLOS PODRÍAN...

ES INÚTIL **ABNER**, NADIE PUEDE ENFRENTAR AL FILISTEO

...LA **ESTRATEGIA** DE TERROR DE **GOLIATH** DABA RESULTADO, PARECÍA QUE TODO ESTABA PERDIDO

LO SÉ MI SEÑOR, NINGUNO DE ESOS HOMBRES ESTÁ DISPUESTO

DEBE HABER OTRA MANERA

SU MAJESTAD, YO SÉ CÓMO DERROTAR AL GIGANTE

?

AGRADEZCO TU PREOCUPACIÓN JOVEN, PERO ESTO NO ES UN JUEGO

SEÑOR, EN SERIO. YO PUEDO DERROTAR AL FILISTEO

NIÑO, NO ESTAMOS PARA BROMAS

Ana Godínez / Gustavo Hernández

21

Planeación Estratégica

David estaba totalmente determinado a hacer lo necesario para librar a Israel de ser esclavizada, ese era su inspiración, su motivación, su fuerza interna. Para él esa batalla era totalmente significativa e hizo de cada minuto, de cada movimiento y de cada pensamiento un propósito único, se fijó una meta y trazó un plan para lograrla sin errores.

"Los guerreros victoriosos primero ganan y luego van a la batalla, mientras que los guerreros derrotados van a la batalla primero y luego se ven así mismos ganando "

—*Sun Tzu, General Chino*

La planeación rodea nuestras vidas

Todo mundo planea, sean vacaciones, su vida profesional y personal, una boda, etc. Algunos planes permanecen firmes en la mente de quien los creó, algunos tienen su fin en un papel, y otros se convierten en realidad.

Así que ¿para qué planear?, parafraseando al Dr. Phil "tú no puedes trabajar el plan si tú no tienes el plan, o tú no puedes trabajar el plan si no puedes hacer el plan".

Los planes nos mueven hacia una visión que busca la realidad, las intensiones que ponemos en esos planes nos deben de llevar a resultados y los propósitos o metas los veremos plasmados en el desempeño que vamos logrando.

- Visión = Realidad.
- Intenciones = Resultados.
- Propósito = Desempeño.

La planeación estratégica es una continuidad de pensamientos o ideas, planeación y acciones conectados a un propósito. Primero, tú debes de tener clara la visión del negocio, luego tú planeas los pasos para llegar a esa visión y en tercer lugar tú tomas acciones para lograr esos resultados. Alan Kay uno de los pioneros en las computadoras personales e inventor de la programación orientada a resultados dijo alguna vez "La mejor manera de predecir el futuro es inventándolo".

Planeación es nuestro intento de lograr más tomando autoridad sobre el futuro. Nosotros anticipamos el futuro implementando acciones concretas en el presente.

Planeación para el futuro será siempre correr adelante de la realidad y, por lo tanto, muchas veces entrarás en conflicto con ella y algunas veces se opondrá, sobre todo para aquellos que se resisten al cambio y aquellos que están más cómodos mediocremente en su zona actual de confort con las cosas que ellos hacen (los defensores del estatus Quo).

Todo es acerca de control

Planeación estratégica es una herramienta para incrementar la efectividad y enaltecer el retorno de la acumulación del capital activos, tiempos y conocimientos.

Tú puedes controlar cada una de tus decisiones, y también puedes controlar cada una de tus acciones, pero cuando dejas de controlar una u otra alguien más lo estará haciendo por ti y entonces estarás a merced tanto de sus decisiones como de sus acciones.

Los Planes Estratégicos son los instrumentos para organizarnos a nosotros mismos y a otros; los planes son los líderes que unifican y armonizan el propósito y haciendo esto hacen que el IQ del grupo sea más grande y colaborativo. Estando todos de acuerdo enfocados y con energía se pueden demoler todo tipo de barreras.

Con la Planeación obtienes resultados extraordinarios

Tú normalmente planeas hacer lo que ordinariamente no se realiza. En otras palabras, si tú quieres que suceda va a suceder en el curso normal de eventos. Entonces una pequeña planeación es necesaria y cuando realices una pequeña planeación va a suceder de manera natural tarde que temprano.

Este tipo de planeación del que estamos hablando tiene objetivos definidos y está diseñada para crear resultados extraordinarios en tiempos extraordinarios y no dejar al destino que haga su tarea y que arroje resultados que nosotros no deseamos obtener.

Para estar fuera de lo ordinario, planear se encuentra de frente con la inexperiencia, la incertidumbre, el escepticismo y por supuesto, la resistencia, no hay necesidad de rendirte estas acciones son una respuesta natural al cambio.

Por naturaleza al ser humano le agrada continuar siendo y haciendo lo que siempre ha realizado y que lo mantiene en la zona de confort y para muchas personas su zonas de confort ya tiene demasiadas raíces.

Ya se ha dicho que los prisioneros que pasan demasiado tiempo encarcelados tienen muchísimos más problemas para readaptarse a la sociedad, siendo la libertad una alternativa claramente superior al estado del prisionero. Una vez formadas las rutinas o los patrones de hábitos pueden ser difíciles de romper, inclusive difíciles de destruir por uno mismo. Es muy normal que el ser humano se resista al cambio, incluso cuando van en camino de frente a una roca, de hecho si no hay resistencia al cambio planeado, uno pudiera adivinar que la estrategia esta siendo formulada de una manera incorrecta, ya que nadie se resiste a ella y pudiera suceder que en el futuro sobrevinieran sabotajes a la estrategia que estas planeando.

El ser hábil para pensar, adaptarte y actuar en el cambio es una de las habilidades más sobresalientes que los seres humanos más exitosos han desarrollado, y por eso mismo es que son exitosos, ahora bien, ser hábil para adaptarte al cambio no significa que eres voluble o que no tienes coraje para tomar tus decisiones, por el contrario, significa que eres lo suficientemente determinado para lograr tus objetivos abrazando todo aquel cambio que se requiera para llegar bien y rápido a los mismos, sin causar daño a nadie.

Haz que cada batalla sea plenamente significativa

La estrategia es también un intento de hacer el trabajo significativo a través de lograr el cumplimiento de metas y de conquistar lo que nunca había sido capaz de lograr tu fuerza de trabajo.

La estrategia obtiene el logro de cada meta que las personas y organizaciones se plantean, pero las alcanza de una manera predeterminada, no dejando los resultados a la suerte o a la mera fortuna, sino al estudio previo que las personas hacen para el logro de sus objetivos más anhelados.

La planeación estratégica y las acciones para que suceda, hacen las batallas significativas, equipos ganadores que siempre trabajan más duro y son encaminados al propósito para lograr cada vez más.

La Planeación Estratégica logra una mejor sobrevivencia, desarrollo y expansión de las empresas, de las instituciones y de las personas que trabajan, ya que, cuando la Estrategia está bien diseñada y comunicada a todo el equipo, les queda definido el rumbo, las metas y los objetivos que se persiguen así como la forma de trabajo y las reglas que hay que cumplir para llegar al destino trazado.

¿Por qué necesitas un Plan Estratégico?

Piensa de esta manera: un Plan Estratégico, es una herramienta de toma de decisiones, y las decisiones pueden ser *rutinarias* o *inventivas*.

Sin un plan, cada persona hace lo que cree que es mejor hacer, sin embargo, en ningún caso esto garantiza el éxito, por el contrario, puede resultar contraproducente, ya que cada persona hará lo que cree que es conveniente y empezarán a notarse efectos negativos como:

- Falta de comunicación
- Falta de liderazgo
- Falta de confianza dentro de los integrantes
- Falta de entrega de resultados

- Falta de compañerismo
- Falta de un rumbo determinado
- Falta de orden y disciplina

Todos estos son efectos de no tener un Plan Estratégicos claro entre cada una de las personas y dentro de una organización. Los Planes Estratégicos no es algo deseable que se quiera hacer por rutina, sino algo necesario para mejorar la sobrevivencia ya sea de tu persona, negocio o institución.

Decisiones rutinarias: "preséntate, haz eso y hazlo de nuevo."

Las Decisiones Rutinarias requieren de poca planeación, demandan poca inventiva y ofrecen unas consecuencias seguras y predecibles, es como decir: así como trabajé en el pasado es como voy a trabajar en el futuro cercano. Las decisiones rutinarias trabajan con las situaciones de corto plazo, proveen retroalimentación inmediata y son rápidamente ajustables.

La gran mayoría de las personas hacemos este tipo de decisiones todo el día y la mayor parte de las decisiones son hechas en esta forma: pégale la estampa, analiza ese informe, imprime este documento, vete para el almacén , tráelo para mi escritorio, etcétera.

Decisiones Inventivas: ¡Nuevo para mí!

Las decisiones inventivas, por otro lado, requieren más pensamiento y se enfrentan con problemas y oportunidades que son tanto para el corto plazo como para el largo plazo y por lo tanto, con las consecuencias que esto trae. Estas situaciones tienen poca precedencia así que tú no puedes solamente contar con la experiencia anterior para confrontarlas.

Muchísimos más recursos tienen que ser colocados en ese tipo de situaciones y, la retroalimentación correctiva puede estar sucediendo no sólo una vez, sino durante muchas veces y, tal vez a lo largo de meses puesto que tú estas trabajándolas durante la implementación

Regularmente nosotros no tomamos este tipo de decisiones fácilmente y éstas tienden a definir nuestras carreras y nuestras administraciones para saber si son exitosas o no.

Planes estratégicos

Planes estratégicos: Son una herramienta de liderazgo, ya que, gracias a ellos cada una de las personas saben con claridad y certeza hacia dónde van, qué va a pasar, qué tienen que hacer para lograrlo y en qué tiempo deben de lograrlo.

Un plan estratégico trabaja con problemas importantes que no pueden y no serán resueltos en la forma en que solamente la compañía opera en una forma normal de negocios.

Los planes estratégicos regularmente trabajan con decisiones inventivas, pues se trata de lograr lo que antes no habían sido capaces de lograr, nunca obtendrán buenos y excelentes resultados tomando decisiones rutinarias.

Los planes estratégicos requieren liderazgo y pensamiento inventivo y por lo tanto, asumir riesgos más altos para tener recompensas más grandes. Una compañía sin una dirección estratégica se enfrenta a su destino o a la suerte además de circunstancias aleatorias y los intereses de otras gentes u otras compañías (ese efecto es conocido como el efecto Ping Pong).

"En un plan estratégico identificas una visión deseada y los objetivos, estrategias, tácticas, mediciones y acciones necesarias para lograr esa visión"

El plan estratégico es una herramienta de liderazgo interno usado para planear un curso de acción, para lograr anticipadamente algunas oportunidades como; una alta productividad, mayor rentabilidad, mejores ingresos, mayores utilidades, éxito administrativo, posicionamiento de mercado, expansión geográfica de mercado, tendencias de mercado, propuestas para inversión, estructura organizacional y nuevos productos y servicios.

En un plan estratégico identificas una visión deseada y los objetivos, estrategias, tácticas, mediciones y acciones necesarias para lograr esa visión.

El plan estratégico explica el "por qué" y los "cómo" por lo tanto los planes estratégicos son planes para "ganar la guerra".

Lamentablemente la mayoría (75% - 80%) de las compañías medianas y pequeñas, escogen la práctica de sentarse en su silla en ausencia de un plan estratégico, y ellos de forma rutinaria desarrollan las actividades del día a día, sin un entendimiento de hacia dónde se están dirigiendo, esperando que algún día alcancen a la "meta"

Nosotros odiamos el decirte esto, pero una buena estrategia nunca ha sido sólo soñar, desear y tener buenas intenciones en tu mente de todo lo que tiene que hacer tu organización, como tampoco creer que ya por estar exponiendo una presentación tus colaboradores simplemente harán que sucedan las cosas por arte de magia. Siendo bien claros, esto no es una estrategia y nunca lo será. Para ser exitoso necesitas Planear y soñar, pero también necesitarás una gran dósis de Acción estratégicamente diseñada.

¡Hey!: La planeación crea problemas

La planeación estratégica implica cambio y metamorfósis personal y organizacional así que, cualquier modificación al Estatus Quo genera problemas e incertidumbre, como quiera que sea, la Estratégica siempre se encuentra con problemas, así que vamos a ser claros ahora mismo: piensa en un problema que tienes actualmente o que te has enfrentado al momento de implementar una planeación estratégica, o pregúntate: ¿por qué falla una planeación estratégica?... ¿qué se te vino a la mente?

Algo de esto te suena familiar como respuesta a, ¿por qué falla la Planeación?:

- No tengo tiempo,
- Toma demasiado tiempo.
- No sabemos cómo hacerlo
- La persona que nos guió no sabía nada de nuestra industria.
- El asesor no sabe nada de esto
- Para qué hago planes si al final Dios se ríe de ellos
- Vamos a hacerlo como la tarea de la escuela
- Sólo nos juntamos ahora pero verás que en 2 meses ya nadie se acordará de esto.

- A nadie le importa, lo que importa es trabajar y haber a dónde llegamos
- Para qué planeo si al final el gobierno nos tiene el pié en el cuello.
- No estaba apegado a nuestra realidad
- El plan es limitado por los intereses de otro.
- No tengo presupuesto para ejecutar la estrategia.
- Son puras buenas intensiones
- Hagámoslo, al fin y al cabo nadie le va a dar seguimiento.
- La gerencia o las operaciones han fallado continuamente en sus compromisos.
- Fácilmente nos quedamos sin actualizar la información necesaria.
- Es demasiado visionario y soñador.
- Nunca tienen los pies sobre la tierra
- Es tan extenso que ya me perdí
- No entiendo nada, mejor regreso a lo que siempre he hecho
- Es demasiado táctico, demasiado operativo.
- Nosotros hemos fallado en realizar el seguimiento.

Nosotros tenemos que hacer algo al respecto, nadie más lo va hacer por nosotros, no lo va hacer el gobierno, no lo van hacer las instituciones, no lo va hacer nuestro jefe, no lo va hacer nuestra esposa, no lo va hacer nuestro operador, sino que cada uno en lo individual debemos estar comprometidos con cada parte del plan estratégico, si esto se logra, se alcanzan los objetivos y metas de un plan estratégico

Si tú crees que alguien diferente a ti va a venir inesperadamente lleno de bondad a realizar lo que tú tienes que hacer estas equivocado

Si tú crees que alguien diferente a ti va a venir inesperadamente lleno de bondad a realizar lo que te corresponde hacer ¡estas equivocado!. Si piensas de esta manera puedes dejar de leer este libro ahora mismo.

Con lo que ya sabes y has aprendido y reflexionado hasta este momento y con el apoyo de tu experiencia, hazte la siguiente pregunta: ¿Qué está deteniendo a mi organización de no tener un Plan Estratégico?

Planeación Estratégica TOTAL®
Nuestro método insignia

Al enterarse David de la magnitud del problema que habría si Goliat derrotaba al ejercito de Saúl, supo que debía hacer algo bien enfocado, rápido y sin errores, donde Saúl pudiera seguir gobernando e Israel no quedara esclavo, y además David pudiera continuar con su vida que tanto amaba.

"Estar ocupado no siempre significa trabajo real. El objeto de todo trabajo es la producción o el logro y, al menos que estos terminen deberán ser pensados mediante la planeación de sistemas, inteligencia y propósito honesto, así como una buena cantidad de sudor, parecer que lo haces no es que lo hagas"

—*Thomas Alba Edison.*

Los supuestos forman los cimientos sobre los cuales un plan es construido, es tu mejor creencia sobre lo que tu futuro traerá, desafortunadamente las bolas de cristal ya perdieron su credibilidad desde la Edad Media y, por supuesto, ahora en nuestros días y las estimaciones 100% reales son fáciles de encontrar.

Dwight D. Eisenhower dijo: "los planes son nada, la planeación es todo" traducción: el plan creado entre (un evento) no es tan importante como el emplear los ajustes necesarios al plan (el proceso) cuando la realidad rápidamente cae sobre los supuestos. Nuevos datos o información empiezan a obstaculizar los planes en el momento en que ellos son creados, así que, una realidad llega y la fuerza de los supuestos son atacados y tú debes de cambiar tu plan rápidamente.

Las claves para una planeación exitosa

Los planes estratégicos exitosos requieren 3 elementos claves que deben de estar siempre presentes a cada momento del día, éstos son:

- Formato claro y entendible,
- Enfoque Láser y
- Seguimiento constante y con retroalimentación

Y estos deben ser simples, centrados, enfocados e insistentes para que todas y cada una de las personas los comprendan a la perfección.

Planeación Estratégica TOTAL® está centrado en que tengas presente en todo momento estos elementos y además que los puedas llevar fácilmente a cabo.

Formato: Un sistema

Un esfuerzo del humano coordinado no es posible sin un sistema o una organización.

Nosotros vivimos en sistemas organizados tan distantes como nuestras galaxias y tan cercanos como nuestros cuerpos.

Las organizaciones exitosas están construidas en las bases de sistemas robustos pero también sensibles, un sistema bien implementado produce un rango predecible de comportamientos de salida, manda a los empleados una red segura para la toma de decisiones Los sistemas bien creados garantizan niveles esperados de desempeño y los sistemas también pueden nacer de organizaciones motivando el talento, la innovación y la creatividad de la gente para el cambio. Los sistemas deben de ser pensados, creados y ejecutados a favor del beneficio de la gran mayoría de las personas, de las organizaciones e instituciones.

No hay variable más grande para el éxito que las decisiones hechas por la administración de la compañía o por la gerencia de la compañía, las decisiones obtienen un mejor pensamiento, así, el pensamiento obtiene una mejor disciplina y la disciplina obtiene mejores resultados para fortalecer los sistemas.

Los sistemas de desempeño están diseñados para guiar la conducta humana y mantenerla siempre activa, reflexiva y con deseos de aportar a la consecución de los objetivos. Vince Lombardi famoso coach de los empacadores de Green Bay ganó 2 campeonatos de fútbol con sólo 8 jugadas ofensivas (practicadas y ejecutadas a la perfección).

Enfoque: todos para uno y uno para todos.

Como ejecutivo, tú tienes un número limitado de "jugadas" que tu puedes realizar. Tú debes ser claro de qué es lo que afecta y cuál debe de ser el enfoque, el enfoque es algo mágico y maravilloso. En planeación nada define mejor al liderazgo que la habilidad de enfocar tu organización de cara hacia un éxito en el futuro. La falta de liderazgo para llevar a cabo un ajuste; administrativo, de recursos, de estrategias, acciones, objetivos ometas, ha eliminado del mercado a innumerables organizaciones en el pasado y muchas están a punto de la bancarrota en el presente. ¡cuidado!

"Vince Lombardi, famoso coach de los empacadores de Green Bay ganó 2 campeonatos de fútbol con sólo 8 jugadas ofensivas (practicadas y ejecutadas a la perfección)".

La gente viene a trabajar cargando un sinnúmero de preocupaciones complejas, ambiciones, agendas, intereses y habilidades, dejando un caos desorganizado y fragmentado y si a esto le sumamos que dentro de la organización o institución no existe un enfoque claro a lo que cada departemento debe realizar, el resultado no es benéfico para nadie. Sin embargo, si todos en conjunto utilizan la fuerza para enfocar sus recursos, tiempo, dinero, esfuerzos, etc. en algo que nos lleve a un lugar mejor como compañía los resultados serán alentadores y se verán reflejados en las ventas, en los ingresos, las prestaciones, comisiones, utilidades y, en general, en mejor calidad de vida de los integrantes de tu empresa. ¡piensa!

La única esperanza de combinar el interés de la gente consiste en que todos en la organización tengan una misma visión y al mismo tiempo satisfagan los interés y ambiciones individuales en un grado amplio.

Seguimiento: Retroalimentación.

El seguimiento es la piedra angular de cualquier planeación estratégica, sin esta etapa del proceso:

- Las personas fácilmente se pierden en el día a día
- Pueden ver los planes como un simple "ejercicio" en lugar de verlos como la base para el éxito de las organizaciones.
- Los líderes fallan, pues no tienen absolutamente claro qué deben de lograr y cuándo lo deben de haber alcanzado.
- Todo sale de control: los presupuestos, los gastos, los objetivos, la comunicación, los resultados y muchas veces las organizaciones enteras.

En el proceso de planeación estratégica el seguimiento parece mundano e incierto, medir, auditar, rastrear, como quiera que sea, esto es una tarea clave en la gerencia y administración del plan. Un piloto volando o cruzando el país usa mapas precisos para establecer destinos planeados y muy bien coordinados en los cuales él cierra o dirige sus instrumentos y, entonces, monitorea constantemente para estar alerta ante eventos no predecibles como el clima y el tráfico los cuales requieren una operación manual.

Planeación con Entendimiento TOTAL

Es común que los planes sean hechos en enero y sean revisados para su seguimiento en el siguiente enero por ciertas personas clave de la organización, sin embargo, nosotros hemos aprendido que para incrementar el éxito de lo que buscamos al hacer Planeación Estratégica, debemos hacer que las personas la entiendan y la ejecuten a lo largo del año.

El proceso de planeación debe ser fluido y orgánico permitiendo que tu plan fluya y crezca, es por esto que la velocidad, la simplicidad, utilidad y versatilidad son las características principales que se establecen en este método de planeación y como resultado de este proceso tan estudiado y establecido nosotros entendemos que la Planeación Estrategia TOTAL tiene:

- Un formato simple, claro y entendible para todos dentro de la organización
- Unas finalizaciones constantes y claras para cada uno de los responsables
- Una fácil comunicación y retroalimentación entre cada uno de los asistentes.
- Un claro entendimiento
- Una facilidad de ajuste.
- Una eficaz forma de comunicación en la que todas las personas puedan estar enteradas del plan estratégico.

Nosotros estamos seguros de que tú sabes que es mucho más fácil revisar un plan de 2 o 3 horas , que un plan que se encuentra en la oficina del jefe dentro de su computadora, a la cual solamente él tiene su contraseña y, dentro de alguno de los 1,234 folder, encontrarás la presentación de planeación estratégica con más de 110 diapositivas o bien dentro de un informe de 18,000 palabras en un engargolado de 210 hojas.

Crea cuatro ganadores de tu plan

Los planes estratégicos llaman a realizar un esfuerzo extra de cuatro partes importantes:

- Los Clientes,
- Los Propietarios,
- Los Colaboradores,
- La Sociedad

Para trabajar el plan esas cuatro partes deben de estar motivadas y conectadas respecto de como ellos van a ser recompensadas y personalmente beneficiadas de este visionario plan estratégico, pero sobre todo de sus resultados; de otra forma tu plan nunca despegará del suelo.

#1 los Clientes: la única razón de existir de la compañía.

Los Clientes son la única razón de existir por ser la única forma de ingreso de la compañía

Los clientes son como el oxígeno para los seres vivos, si el ser vivo no es capaz de ingresar suficiente oxígeno a su cuerpo el ser vivo morirá tarde que temprano (y la gran mayoría de las veces más temprano que tarde) así que todo el organismo trabaja para que, eficientemente las partes del sistema logren tener oxígeno para su supervivencia.

Ni un solo productor, manufacturador o proveedor de servicio hace dinero (a menos que lo estén fotocopiando) a no ser gracias a los clientes.

El hecho es que las compañías proveen productos y servicios y los clientes proveen dinero, pero sólo por intercambio, un canje por la mejor solución disponible en su mercado para sus necesidades y con la mejor tasa de retorno de su inversión.

Así como el hombre y/o la mujer llevan el sustento a la casa, los clientes llevan el sustento a la empresa de los proveedores, no hay vuelta de hoja, por esto hay que protegerlos y ayudarlos a ser cada vez mas triunfadores.

#2 *Los Colaboradores: comprometiéndose y beneficiándose.*

Sin los colaboradores, un plan estratégico no puede ser implementado.

Para implementar un Plan Estratégico exitoso se requiere de tus colaboradores un esfuerzo extra y un desempeño por encima del promedio requerido, deben comprometerse con los resultados de la estrategia porque ellos verán elevados sus intereses personales ya sean financieros o de carrera, de otra manera tus colaboradores van a encontrar refugio en una terrible excusa "estoy demasiado ocupado haciendo funcionar mi trabajo como para tomar más responsabilidades haciendo una planeación estratégica".

Los colaboradores son los que hacen posible (o imposible) que las empresas e instituciones logren lo que quieran lograr, en el tiempo en el que lo quieran alcanzar, ellos tienen el poder para hacerlo, no la gerencia, no la dirección, sino los colaboradores son la fuerza que impulsa a las organizaciones.

Es por esta razón tan importante que los debemos de hacer unos claros ganadores de nuestro plan estratégico, si ellos están bien convencidos, nuestros plan estratégico funcionará perfectamente bien y obtendremos nuestros resultados, de otra manera, será un desgaste impresionante.

#3 *Los Propietarios: la motivación es clave.*

Los propietarios son los iniciadores y campeones del plan estratégico.

El rol del propietario es el de organizar, liderar y coordinar la implementación del plan a pesar de cualquier obstáculo encontrado.

Como el campeón, si tú no estas motivado de los beneficios o resultados de la estrategia, entonces serás indiferente.

#4 *La Sociedad.*

El fin último de implementar una planeación estratégica es que la sociedad gane, esto sucede cuando las organizaciones y las empresas son cada vez más exitosas, de tal manera que logran que sus colaboradores y clientes sean, así mismo, cada vez más exitoso y esto se convierte en un círculo virtuoso que está generando constantemente y de forma ininterrumpida beneficios para la sociedad, de tal manera que, la sociedad cada vez es más próspera.

Para ilustrar cada caso, nosotros vamos a utilizar un ejemplo de una empresa que hemos creado la cual se llama; Choco-Rico,

Choco-Rico

Choco-Rico es una empresa

productora de chocolate de excelente calidad. Es reconocida nacionalmente por su crecimiento y su calidad consistente.

Los **productos** de chocolate que Choco-Rico fabrica tienen diversas presentaciones, dentro de los productos más representativos e importantes encontramos:

- Choco-barra: Es una barra de chocolate macizo.
- Choco-Jarabe: Es un jarabe semi-espeso de chocolate ideal para ser vertido sobre diferentes alimentos.
- Choco-Untable: Es un mousse de chocolate ideal para untar.
- Choco-Mayoreo: Es un producto a granel que vende para el menudeo y medio-mayoreo.
- Choco-Paleta: Es una paleta de caramelo macizo con el característico sabor chocolate de choco-rico.

A través de nuestros ejemplos aplicados a Choco-Rico tú vas a poder visualizar los tuyos y te será mucho más claro cómo poder construirlos, además para cada caso, nosotros vamos a incluir ejemplos de la vida real los cuales te ayudarán a entender y a poder establecer los tuyos.

***(a qué se refieren cuando hablan de visualizar los tuyos o establecer los tuyos) pueden ser: objetivos, estrategias, metas, visiones, acciones, estructurar el plan...

Por otro lado, el libro trae formatos que tú vas a poder ir llenando a medida que vas avanzando en el conocimiento sobre la estructura del plan estratégico.

Con lo que sabes hasta este momento: ¿Cuáles serán los beneficios para tus Clientes, Colaboradores, Proveedores y Sociedad si enfocas tu Planeación Estratégica a estos 4 actores principales?

El Pensamiento Estratégico

David sabía que tenía que hacer algo totalmente diferente para derrotar a Goliat, si se comportaba igual que los cientos de soldados de Saúl obtendría los mismos resultados negativos, así que tomó un poco más de tiempo, midió profundamente las fortalezas y debilidades de Goliat y allí fue donde tuvo una iluminación que le clarificó la estrategia a usar.

"Tómate bastante tiempo para deliberar, pero cuando el tiempo de la acción se presente deja de pensar y ataca con fuerza imparable"

—*Napoleón Bonaparte.*

El enfoque de los recursos

Cada día mucha gente raramente determina estratégicamente cómo es que va a utilizar sus recursos limitados para colocar a su organización en un mejor lugar en el marco competitivo.

La inmensa mayoría de las personas corren al trabajo o a lo que hacen en su día a día pensando que eso es lo correcto, pero es un error, mucho movimiento no necesariamente te lleva a lograr lo que deseas, existen millares de personas que se mueven mucho y no logran nada, por el contrario, existen pocas personas que se mueven poco y logran mucho, estas últimas, normalmente tienen una estrategia clara y definida, ¿tú a cuál grupo perteneces?

"La Estrategia es la creación de un movimiento claro y entendible para la organización, que logre que con el mejor uso de recursos, con el menor esfuerzo y con en el menor tiempo se logre la visión de la compañía."

Muchas compañias o instituciones nunca llegan al punto de realizar su máximo esfuerzo y entonces, ellas continúan colocando recursos de una manera uniforme en toda la organización para sólo encontrar que siguen alimentando su mediocre existencia. Parece que estas organizaciones no tienen un sentido real de urgencia o la disciplina para inteligentemente colocar recursos como tiempo, talentos o dinero y, básicamente ellos siguen tirando el capital por la ventana de una manera que no se imaginan.

Una cruda realidad es que los gerentes, en la gran mayoría de los casos, aún teniendo un título profesional o de maestría y, no digamos muchos doctores, carecen de buena estrategia.

Pareciera que estos títulos que ostentan les otorgan el poder de ser buenos estrategas, y en muchas ocasiones no es así. Sin embargo, algunos son buenos trabajadores profesionales. Debemos dejar claro que en cuestión estratégica no se trata de elaborar los planes con la mayor complejidad para crear los modelos más coloridos y complejos o los sistemas más robustos e interminables, si no que, la Estrategia es la creación de un movimiento claro y entendible para la organización que logre que con el mejor uso de recursos, con el menor esfuerzo y con el menor tiempo se logre la visión de la compañía

Las organizaciones tienden en invertir en capacitación y desarrollo de sus recursos humanos en sus áreas tangibles como las áreas operativas, las áreas de ventas, de servicio al cliente y comunicación, en cambio, se niegan a invertir en entrenamiento profesional en el área de desarrollo de pensamiento estratégico. Considera lo siguiente: ¿cuándo fue la última vez que tú y tus colegas fueron enviados a un programa profesional de desarrollo específicamente en pensamiento estratégico?.

"El peor enemigo del estratega es el reloj, los problemas de tiempo, así como nosotros lo llamamos en el ajedrez nos reducen a puro instinto y reacción es decir un juego operativo"

—Garry Kasparov Campeón Internacional de Ajedrez

Lo que sigue a continuación son sólo algunos ejemplos relacionados con investigaciones recientes sobre el tema de la estrategia:

- 85% de los equipos líderes ejecutivos invierten menos de una hora al mes discutiendo las estrategia de sus unidades con un 50% de los cuales no invierten ningún tiempo en lo absoluto.

- Nuestra conducta administrativa y gerencial te pudiera asustar: un total del 90% de los gerentes gastan su tiempo en pequeñas e ineficientes actividades, en otras palabras, sólo 10% de los gerentes invierten su tiempo en una manera comprometida y con un propósito establecido que tiene que ver con las actividades necesarias para lograr los objetivos de la estrategia.

- 80% del equipo directivo gerencial está enfocado en actividades operativas, las cuales sólo logran la vida y sobrevivencia de la compañía en el corto plazo dentro de las próximas seia a ocho semanas, pero no en el 80% que logra la expansión y desarrollo de la compañía.

- El mayor problema identificado en la gran mayoría en los ejecutivos fue el deficiente pensamiento estratégico. Los ejecutivos tienden a olvidar los detalles y perder su perspectiva estratégica y esto, es uno de los retos más importantes; el que nuestros tomadores de decisiones piensen de una manera estratégica en lugar de pensar exclusivamente en términos operativos.

Seguramente te logras identificar en algunos de los datos, y ese es un excelente indicio, pues nosotros deseamos que esos números rescatados de estadísticas reales, sean un parteaguas en tu vida y en tu manera de comportarte y de ver la vida de tu empresa, de tu trabajo o de tu organización una manera diferente. Las consecuencias de no hacer nada al respecto son desastrosas, los beneficios de hacer cosas contundentes para erradicar los problemas son tan poderosas que han llevado a ese tipo de personas y organizaciones a conquistar mercados enteros captando el 10, 25 o hasta más del 60% de penetración de mercado con sus marcas, es algo simplemente asombroso.

¿Cómo con el menor número de movimientos puedo conseguir lo que deseo con la inversión más inteligente de recursos?

Las Iluminaciones

Hablando de Planeación Estratégica, las iluminaciones son algo muy común sin tener nada que ver con el esoterismo o cuestiones divinas, sino por el contrario, con cuestiones 100% reales y aplicadas.

La iluminación es un término que usamos en el momento en que se genera una o varias ideas grandiosas al respecto de un problemas o algo que queremos resolver.

Le llamamos iluminaciones porque es como si vivieras en plena oscuridad y, de pronto nace o se genera una luz que alumbra claramente tu camino, con el fulgor de esta iluminación, puedes observar de manera nítida en donde estás parado y el camino que has de recorrer para llegar a tu destino.

Las iluminaciones nunca llegan "por arte de magia", tú debes de tener el asunto en la mente para que éste sea resuelto, debes de estar buscando una respuesta y ésta llegará.

Mientras más atención estés poniendo de manera enfocada, mejor será la respuesta a manera de iluminación. Nosotros buscamos tener iluminaciones a fin de conocer el camino que hemos de andar con el objetivo de recorrerlo de la mejor manera.

"Donde la atención se enfoca la energía fluye, y donde la energía fluye la vida crece"

—Brian Bacon, Asesor Internacional

Puede haber muchos tipos de iluminaciones, aquí lo que buscamos son iluminaciones estratégicas o de negocios, las que me respondan a la pregunta: ¿Cómo con el menor número de movimientos puedo conseguir lo que deseo con la inversión más inteligente de recursos?

El Pensamiento Estratégico

El pensamiento estratégico es la generación y aplicación de iluminaciones de negocio en una base continua.

Para lograr una ventaja competitiva, es necesario que las iluminaciones actúen también como un puente entre la experiencia y la expertise. Un ejemplo de un pensamiento estratégico es el siguiente: el servicio postal de los Estados Unidos ha estado en servicio desde 1789, lo cual quiere decir que tiene más de 220 años de experiencia entregando cosas, pero también sucede que tiene un número muy importante de correos mal entregados, dañados y perdidos cada año. FedEx por lo contrario, a estado en el negocio solamente 38 años, pero FedEx ha logrado revolucionar la industria convirtiéndose en el movedor de bienes más versátil y más importante del mundo con un promedio de entregas a tiempo del 99.8% anual y mejorando cada año.

A no ser que tú tengas identificado claramente que tus iluminaciones estén logrando que tengas una mayor penetración de mercado, mayores ventas y mayores utilidades entonces tu experiencia no significa absolutamente nada

La experiencia sin expertise no significa nada, sólo se convierte en algo que ha existido durante mucho tiempo pero no necesariamente significa que durante todo ese tiempo haya venido evolucionando y mejorando constante y continuamente. A no ser que tú tengas identificados claramente que tus iluminaciones estén logrando en tu empresa una mayor penetración de mercado, mayores ventas y mayores utilidades entonces, probablemente tu experiencia está desconectada de la expertise y te es de poca utilidad..

A continuación te mencionamos algunas preguntas que te pueden ayudar a darte cuenta de tu posicionamiento más importante con relación a tus iluminaciones:

- ¿Cómo generas nuevas iluminaciones alrededor de tu negocio o acerca de tu negocio?
- ¿Qué herramientas utilizas de manera constante para generar tus iluminaciones?
- ¿Dónde guardas o rastreas tus iluminaciones de manera regular?
- ¿Cuáles son las tres iluminaciones más importantes que tú has generado o aprendido durante el pasado mes acerca de tu negocio?

Recuerda que las iluminaciones lo que hacen, es que tú logres una mayor penetración con tu producto, es decir, que año con año estés creciendo.

Si los datos demuestran que año con año no estás progresando por arriba del crecimiento natural del mercado en el que tú estás compitiendo, entonces simplemente estás decreciendo y no importa si tú dices que tienes 30, 50 años de experiencia o que tienes muchas generaciones atrás de experiencia. Conocemos cientos de compañías alrededor del mundo de personas que tienen aparentemente muchas generaciones de experiencia y que se van a la bancarota, esto, lo único que demuestra, es que dejaron de tener iluminaciones estratégicas acerca de su compañía y por lo tanto de sus productos y servicios.

No puedes darte el lujo que la rutina se apodere de tus colaboradores y organización, ya que ese es el inicio del fracaso de todos, la rutina mata la creatividad, el entusiasmo, el dinamismo, la entrega y la pasión. Para tener personas y organizaciones vivas deben de estar siempre moviéndose y creando diferentes iluminaciones, es decir, diferente maneras de hacer las cosas, cuyo resultado sea notablemente mejor que el anterior.

Las constantes iluminaciones

Las empresas que constantemente tienen iluminaciones estratégicas y las aplican son las empresas que tú conoces que logran ser lideres en el mercado, incluso ser el número uno a nivel mundial como el caso que compartimos de Federal Express contra el Servicio Postal Norteamericano. Por lo tanto, podríamos hacer una clasificación de los tipos de experiencia que hemos identificado y que básicamente son dos polos opuestos.

La Buena Experiencia

La buena experiencia es aquella que constantemente tiene iluminaciones estratégicas, las cuales son puestas en práctica de manera inmediata con un alto retorno de beneficios para la organización. Lo que permite que la organización cada vez gane más mercado, tenga mejores utilidades y alcance un crecimiento y desarrollo mayor que el de sus competidores.

La Mala Experiencia

La mala experiencia es aquella que simplemente se enfoca en la operación diaria de los problemas del día a día, en andar apagando fuegos, pero se olvida de tener iluminaciones estratégicas que la lleven a un mejor posicionamiento.

Estamos seguros que honestamente no tienes que ir muy lejos ni pensar demasiado para acordarte de muchos ejemplos alrededor tuyo que comprueban que lo que aquí decimos es totalmente cierto.

Es fácil de identificar una compañía con experiencia buena que no sólo sobrevive, sino que además crece y se desarrolla de una manera sorprendente y, una compañía con mala experiencia es aquella que puede tener muchos años en el mercado, pero que, sin embargo, sus marcas han dejado de venderse y exibirse y estos se vuelven proveedores de marcas más importantes, no venden lo que solían vender, no ganan lo que solían ganar y su estadística o tendencia muestra que en un muy poco tiempo pueden llegar a morir.

Normalmente estas compañía con mala experiencia tratan de echarle la culpa a todos los factores externos que se puedan como el gobierno, los políticos, los empleados, la sociedad, la ciudad, los competidores de otros países, el mal apoyo de las cámaras y asociaciones, etc., y claro, ver que el problema no está afuera, sino dentro de su propia compañía y muy seguramente entre los dueños o dirigentes más importantes que creen que la mala experiencia es buena.

Albert Einstein definió locura como: *"hacer la misma cosa una y otra vez esperando diferentes resultados"*, locura en negocios es usar los mismos supuestos y estrategias no actuales año tras año y esperar un resultado dramáticamente diferente, el problema es ¿qué no es esto normalmente lo que todas las compañías y negocios hacen?

Una simple, pero muchas veces no observada premisa en los negocios, es que el nuevo crecimiento viene de una nueva manera de pensar.

Esperar un nuevo crecimiento sin nuevas maneras, conceptos, herramientas y marcos de referencias simplemente es locura, no hay otra forma de llamarlo, es una locura para cualquier persona que esforzándose muy duro, haciendo lo que normalmente hacemos, en la forma en que comunmente lo hacemos va a generar un nuevo crecimiento, ¡por favor! si estás haciendo esto déjalo de hacer de inmediato, no lo cuestiones, no te tomes el tiempo de pensar acerca de eso, no tengas la menor duda, ¡déjalo de hacer! porque es un locura. Para salir adelante tienes que pensar y hacer cosas diferentes.

Día a día tienes que buscar nuevas formas de hacer las cosas, nuevas formas de pensar las cosas y nuevas formas de operar y realizar lo que haces, independientemente del negocio en el que estés; cosas que estén actuales y funcionales y no en el pasado y obsoletas.

"Cuando la gente desea ver sus reflejos ellos no se observan en un río en donde el agua corre, ellos se observan en un lugar con aguas quietas.

—*Chuang Tzu, Filósofo Chino*

Es imposible que tengas buenas ideas o buenas iluminaciones, si no ves las cosas claras, tienes que hacer un alto. De otra manera lo único que pasará es que gracias a tu prisa, a tu urgencia y a todo el movimiento que hay no verás las cosas claras y aún así tomarás decisiones pensando en que es lo mejor, pero ¿sabes una cosa?, ¡no lo es!. Siempre lo mejor será detenerte a ver una imagen clara, si, ¡clara! de las cosas, de otra manera cometerás muchos errores.

Nosotros podemos interpretar la planeación estratégica como el canal que convierte las iluminaciones en un plan de acción para lograr las metas y objetivos.

Una distinción clave entre pensamiento estratégico y planeación estratégica es que el pensamiento estratégico ocurre en una base regular, como una parte de nuestras actividades diarias, mientras que la planeación estratégica ocurre anualmente o en un lapso de tiempo mucho más largo.

Con lo que sabes hasta este momento: ¿Qué Iluminaciones se han quedado en el camino o en el fondo de tu mente sin que fueran tomadas en cuenta? Y hoy por lo que acabas de leer, ¿qué consideras que es importante rescatar y en su momento incluir dentro de la Táctica?.

Las Trampas de la Estrategia

David se dio cuenta que no podía permitirse entrar en la dinámica de emociones y pensamiento que tanto el Rey Saúl como su ejército tenían, pues de hacerlo así no tendría oportunidad de derrotar a Goliat, así que vio la misma problemática, pero desde un ángulo diferente, que le permitió ganar..

"Si tú tomas riesgos tú puedes fracasar, pero si no tomas riesgos seguramente vas a fracasar. El mayor riesgo de todos es no hacer nada"

—*Roberto Goizueta, Coca-Cola*

Las Trampas Estratégicas

Existen siete Trampas Estratégicas que pueden lograr que tengas pésimos resultados y que gastes enormes cantidades de recursos (tiempo, dinero, esfuerzo, etc.,) si es que no logras identificarlas y manejarlas de una manera correcta y apropiada.

Se llaman trampas porque aparentemente están vestidas de algo positivo o también se encuentran camuflageadas, pero una vez que caes en ellas es muy difícil de salir.

A continuación, te vamos a mencionar las trampas que logran que tu desarrollo estratégico se detenga y esto quiere decir que también tu crecimiento, tus utilidades y para muchas organizaciones, incluso, su negocio puede llegar a estar perdido, ya que no sabían que existían estas trampas o sabían que existían pero no les hicieron caso y cayeron en ellas y murieron en ellas.

Las Trampas de la Estrategia y las cuales describiremos a fondo más adelante son:

- El Desempeño Absoluto
- Las Anclas Negativas
- El Benchmark
- Las Confirmaciones Forzadas
- Las Proyecciones
- El Pensamiento Grupal
- El Status Quo

TRAMPA 1: El Desempeño absoluto

Un mito popular que tienen los negocios, es que los negocios deben centrarse en lo que ellos están haciendo y no voltear a ver a nadie más, ni a sus competidores ni a sus clientes, para enfocarse en lo que están haciendo.

Bueno esto es totalmente equivocado. En los negocios no solamente tienes que estar teniendo datos claros al respecto de cómo tú te estás desempeñando realmente con aquellos indicadores de sobrevivencia y expansión del negocio (ventas, utilidades, calidad)

Tú debes de estar verificando además, cómo es que tus competidores se están desarrollando, tienes que tener información de ellos, tienes que tener datos precisos (no chismes o información no veraz) sino que claramente tienes que estar investigando a tus competidores ¿qué es lo que están haciendo?, ¿cómo lo están haciendo?, ¿con qué lo están haciendo?, ¿por qué lo están haciendo?, ¿qué movimientos estratégicos están tomando?, ¿hacia dónde se están dirigiendo?, ¿qué les ha funcionado y qué no?, ¿qué tecnología usan actualmente?, ¿qué tecnología usaron y por qué la cambiaron?, tú deberás de tomar esto en cuenta si es que realmente quieres tener una empresa o institución triunfadora que arroje excelentes resultados.

No estamos diciendo en lo absoluto que tengas que imitarlos o que los vayas a imitar, puesto que si ellos van mal tú también vas a ir mal. A lo que nos referimos es de que tú debes de tener un entendimiento claro de qué es lo que están haciendo, qué resultados están obteniendo y además cómo es que están siendo percibidos estos movimientos por sus clientes ya que si están haciendo algo en el cual se está demostrando que sus clientes lo están percibiendo mejor (esto lo puedes saber investigando si están vendiendo más o ganando más) entonces tú deberás de hacer algo similar o mejorar lo que ellos están haciendo para poder seguir sosteniendo tu ventaja competitiva o tu penetración de mercado.

Cientos de miles de empresa y empresarios hoy en día dicen que otros países que están incursionando en el mercado actual son malos, tienen mala calidad, no les gusta o son desleales, etcétera, sin embargo, estos competidores que les robaron sus proveedores probablemente acomoden en el mercado 10, 15 o 1,000 veces más de lo que sus compañías actuales lo estaban haciendo, es decir, están criticando a alguien que está vendiendo 10 veces más, entonces podrán estar haciendo cosas muy mal, sin embargo, el dato real es ¡que los competidores están vendiendo 10 veces más! y que el empresario que aparentemente está "correcto" está vendiendo cada vez menos y si sigue así, tarde que temprano va a desaparecer del mercado.

Para no caer en la trampa del Desempeño Absoluto aquí te hacemos algunas recomendaciones de información que debieras de saber y constantemente tener actualizada tanto tú como tu equipo directivo:

- Competidores:
- ¿qué les está funcionando?
- ¿por qué están creciendo?
- ¿qué hicieron para crecer ese porcentaje en ese tiempo?
- ¿qué no les ha funcionado?
- ¿quiénes son las personas clave dentro de su organización?
- ¿qué hacen mejor que tú en cada proceso?
- ¿qué es lo que más les atrae a sus clientes de trabajar con tus competidores?
- ¿cuál ha sido su historia?
- ¿cómo lograron lo que han logrado?
- ¿qué tipo de tecnología usan en cada parte de su proceso?
- ¿por qué habrán hecho los cambios que han hecho en el pasado?
- Mercado
- ¿qué está comprando el mercado?
- ¿cuánto dinero anual está comprando el mercado del tipo de producto que tu vendes?
- ¿cuánto está comprando el mercado de un producto parecido al que tu vendes?
- ¿tu mercado está creciendo o decreciendo?
- ¿los datos en los que te basas para conocer tu mercado son enteramente confiables y fidedignos?

No está de sobra aclararte que esta información debe de tener una procedencia verás, no basada en supuestos o chismes. Debes de tener datos "duros" o exactos de lo que está pasando, de otra manera serán meras suposiciones y si tomas decisiones basado en especulaciones el fracaso estará esperándote con los brazos bien abiertos.

TRAMPA 2: Anclas Negativas

Al momento de tomar decisiones la mente tiende a tomar impresiones principalmente sobre la información inicial, generando efecto desproporcionado. A esto nos referimos con ancla, es decir, son datos iniciales a través de los cuales partimos para tomar en cuenta o "filtrar" los siguientes datos que se nos presentan.

Las anclas pueden afectar muy negativamente nuestro pensamiento estratégico y no dejarnos visualizar más allá de lo que tenemos inicialmente anclado. Un ejemplo claro de esto son los datos que tuvimos del año pasado, el presupuestos del año pasado, el comportamiento del año pasado y de ahí partimos para proyectar el siguiente año, esto es un gran riesgo, ya que si tuviste un mal año, automaticamente estas proyectando el siguiente con la misma expectativa, y esto estará limitando a tus colaboradores y por lo tanto a tu organización.

Las Anclas Negativas en realidad son más fáciles de identificar de lo que puedes creer, pues en el día a día se están manifestando entre tus compañeros o en el interior de tu mente en frases como:

- "Huy, ya viste cómo nos fue el año pasado"
- "Con la crisis que tuvimos no creo que podamos"
- "Mmmm, si fulanito no pudo tú crees que…"
- "Históricamente hemos tenido una tendencia…"
- "Así ha sido siempre…"

- "Desde que me acuerdo…"
- "Si ellos que le entienden no les funcionó…"
- "El año pasado lo intentamos…"
- "No han podido"
- "Me han dicho que el pensar lograr eso es patético"
- "Todos los negocios funcionan así"
- "Lo sabio es ir creciendo poco a poco"
- "Nada es bueno si sale de la noche a la mañana"
- "Los años te darán la experiencia muchacho"
- "Nunca hemos logrado cumplir el presupuesto"
- "Esto ya se ha intentado otras veces"

Te vamos a decir qué es lo que en la inmensa mayoría de las veces se encuentra detrás de un Ancla Negativa:

- Frustración, porque muchas veces lo has intentado pero no has obtenido resultados positivos o diferentes.
- Miedo, porque no sabes lo que puede llegar a pasar ni cómo controlar aquello que puede llegar a pasar, o
- Un Interés Oculto, alguien está ganando para que las cosas sigan de esa manera y no se cambien.

¿Escalofriante?, Quizá, pero es cierto. Revisa a fondo qué es lo que está pasando con las Anclas Negativas que aparecen en tu organización.

El pensamiento estratégico demanda que todos los supuestos, creencias e información sean vistas de forma fresca y de una perspectiva nueva en bases continuas, es decir, siempre debes de estar ejercitando una forma diferente de ver las cosas.

Para no caer en la trampa de las Anclas Negativas te recomendamos que pongas en práctica lo siguiente:

- Investiga quienes sí han podido lograr las cosas que tú no crees que puedes lograr
- Investiga los números de otras empresas o instituciones para conocer sus datos
- Compárate contra otro tipo de organizaciones fuera de tu localidad, estado o país en donde se haya demostrado que pueden crecer o lograr lo que no has pensado que se pueda.
- Piensa primero en lo que quieras lograr sin importar la tendencia o comportamiento pasado y luego genera opciones de cómo lograr todo eso que deseas.
- Tira a la basura todo los estudios que demuestran que la tendencia no falla y que debes de crecer en forma lineal y pregúntate: ¿si fuera Henry Ford o Richard Branson de Virgin, o Donald Trump o un gran empresario a nivel internacional cómo estaría pensando en este preciso momento?

TRAMPA 3: El Benchmark

Para fines prácticos vamos a entender el Benchmark como la práctica continua de hacer investigación o estudios que te den una comparativa de tu situación con respecto de tus competidores.

Puedes hacer un Benchmark o comparativo de:

- Tus ventas en relación a tus competidores
- Tus procesos productivos y administrativos en relación a tus competidores

- Tu posicionamiento de mercado en relación con tus competidores
- Tu tecnología en relación a tus competidores
- Tu personal y competencias en relación a tus competidores, etc.

En una visión abierta o panorámica, el Benchmarking nos da la apariencia de esa actividades incuestionables que agregan valor a una organización, sin embargo existe un peligro en el Benchmarking.

El beneficio del Benchmarking es estar siempre en lo mínimo que demanda el mercado o tus clientes para permanecer actuales, es decir, el benchmark bueno, es aquel que logra comparar a tu organización con otras organizaciones y es donde tu empresa logra observar cuáles han sido las mejores prácticas que las organizaciones han implementado y cuáles de esas mejores prácticas les han dado resultados, es decir se demuestra claramente y con números que se han tenido resultados positivos de la aplicación de esas prácticas mejoradas y actualizadas.

El Benchmark para lo que te ayuda es para entender las mejores prácticas y para que de ahí partas hacia identificar cuáles serán tus ventajas estratégicas.

Las personas y empresas que realizan el Benchmarking o la comparación de su compañía con respecto de otras, deben de entender qué es lo que están buscando (las mejores prácticas con los mejores resultados).

Por otro lado, el Benchmarking malo es cuando se tienen la falsa creencia que tú tienes que imitar o emular cada una de las mejores prácticas que los demás están haciendo. Al circunscribirte a imitar las prácticas de ellos, simplemente lo que lograrás es ser igual que ellos, y si todos son iguales, entonces la ventaja la tendrá el cliente porque él podrá seleccionar a aquella compañía que le ofrezca mejor costo, puesto que no verá un valor agregado en ninguna. En otras palabras, le dará lo mismo comprar el un lugar que en otro, al fin de cuentas, no existe diferencia significativa.

Por lo tanto, el Benchmark para lo que te ayuda es para entender las mejores prácticas y con los resultados de este entendimiento, ubiques e identifiques cuáles serán tus ventajas estratégicas con referencia a la competencia, es decir, te da exclusivamente las bases y el conocimiento necesario para poder equiparar las cosas que tus competidores hacen y hacen bien y de ahí puedas generar nuevas soluciones que provoque que tus clientes te prefieran y adquieran tus productos o servicios en base a la calidad, precio, garantía y diferencia competitiva.

Para evitar que tu organización o empresa se estanque en la Trampa del Benchmarking te recomendamos que constantemente pongas en práctica lo siguiente:

- Hacer estudios de Benchmark para saber la situación de tus productos, servicios, precios, prestaciones, etc., con respecto a tus competidores de manera periódica e incluso programada.
- Siempre conocer en términos de datos o de "números duros". Evita los chismes o "tanteos" al respecto de algo, tus datos siempre deben de ser veraces, verificables y confiables.
- Seleccionar lo bueno que efectivamente les está dando resultados (no hay por qué inventar el "hilo negro")

- Con la información del Benchmarking y con las mejores prácticas ya implementadas encuentra las áreas de oportunidad
- Formula tu Ventaja Competitiva con la información que tienes para que tus clientes puedan identificar claramente tu Valor Agregado, diferencial o unicidad con respecto al de tus competidores.
- Evita el sólo limitarte a "copiar" las mejores prácticas de tus competidores, porque te convertirás en una "división de ellos" y acabarán metidos en una guerra sangrienta de precios.

TRAMPA 4: Confirmaciones Forzadas

Las personas tienden a tomar decisiones primero y luego buscar información que soporte esas decisiones, las decisiones forzadas es la condición humana de buscar datos e información para soportar sus creencias en tanto descartas evidencias de lo que no soportan tus creencias.

Esta condición de confirmación forzada causa que gente inteligente ignore hechos que claramente apuntan a otra dirección.

Las decisiones forzadas es la condición humana de buscar datos e información para soportar sus creencias en tanto descartas evidencias de lo que no soportan tus creencias.

El proceso de confirmación forzada es el siguiente: tú tienes una creencia o un pensamiento y esta creencia o pensamiento es basada en poca información. Tú crees que las cosa son de ciertas manera, que los procesos deben de ser de cierta forma, que las decisiones deben de ser de cierta condición y vez al mundo en base a esa creencias que tú tienes. Creyendo de esa manera, tú buscas datos en el mundo que confirmen que tú estas en lo cierto, por lo tanto vas a descartar todos aquellos datos que te indiquen que no estás en lo cierto porque a la gran mayoría de los humanos no les gusta estar equivocados, por lo tanto, vas a buscar la forma de confirmar que tus creencias son correctas para estar bien y sentirte bien ¡esto va a provocar que no veas otras señales que te dicen que estas equivocado! y que probablemente no lo hagas consciente, incluso, inconscientemente lo que está presente ahí, enfrente de tus narices, muchas veces ni siquiera lo vas a ver, puesto que estas cegado por tu creencia.

Esta condición de esta confirmación forzada, es mortal para los negocios, porque lamentablemente muy pocas personas están abiertas a entender que pueden estar equivocadas y que su creencia no es la correcta y que los datos siempre estuvieron diciendo lo que no es correcto y a pesar de ello siguieron sobre lo mismo. Así que debes de tener mucho cuidado de caer en este tipo de condiciones.

Algunas de las buenas prácticas que debes de hacer a diario para evitar caer en una Confirmación Forzada es:

- Preguntarte ¿qué será que no estoy viendo?
- ¿Cómo otros datos pueden demostrarme lo contrario a lo que pienso?
- Tratar el tema con otra persona que esté o no relacionada con el tema, para que te de su punto de vista pero sin antes alienarla a tu creencia.
- Confirmar tu hipótesis así como dedicar tiempo a investigar opciones contrarias que también demuestren que una opción contrapuesta puede también ser verdadera.

- Tener 2 equipos para que cada uno tenga la tarea de confirmación de hipótesis contrarias, digamos tener un "abogado del diablo".

TRAMPA 5: Las Proyecciones

Como seres humanos hemos sido programados para pensar mayormente en función de proyecciones, al pensar o racionalizar "a + b = c" y entonces vemos el mundo en función exclusivamente de proyecciones, algunos claros ejemplos de lo que te estoy comentando son:

- "Si este mes nos fue mal, seguro el mes que entra será peor"
- "Ya ves que todos se quejan de que no hay dinero"
- "A la gente no le ha dejado de gustar…"
- "Prepárense porque el año pasado, en este mes, nos fue mal y como están las cosas seguro en este mes nos irá peor"
- "Hasta el dicho dice: si ves las barbas de tu vecino cortar pon las tuyas a remojar"
- "A todos los del ramo les está yendo de la misma manera"

Este tipo de pensamientos y de comentarios acaban por infectar tanto a tu persona como a tu personal y, entonces todos piensan en función de proyecciones y como por arte de magia, convierten algo ficticio en algo real, todo basado en sus proyecciones, pensamientos y por lo tanto en acciones.

Las proyecciones pueden ser una trampa muy peligrosa para la planeación y ejecución estratégica, ya que muchas personas basan sus proyecciones en argumentos falsos o en información que no es relevante o en rumores que algunas personas les comentan de la compañía, pero no tienen datos duros y veraces de cómo es que se van a comportar el mercado, la economía, las preferencias, competidores, clientes, entre otros.

Mucha gente que trabaja en el día a día sólo en cuestiones operativas y pensando que puede desarrollarse mejor haciendo cuestiones exclusivamente operantes, no tiene dato alguno al respecto del comportamiento de mercado, comportamiento de sus competidores y de sus clientes, sino que simplemente están inmersos dentro de su operación diaria y esto no les da una perspectiva real de cómo están sucediendo las cosas, así que cuando a estas personas se les pide una proyección de cómo se irá a comportar el mercado en cierto tiempo pues simplemente dice lo que ellos creen, lo que es peor, lo que ellos creen que sucederá en el futuro (basados en sus creencias y en sus paradigmas y no en datos estables) y, con esto, lo único que logran es hacer una fotografía del futuro que tiene sólo nubes y no está claro, si tu tomas decisiones en base a una fotografía que no está nítida, ni para ti, ni para nadie, pues simplemente las decisiones van a ser totalmente equivocadas.

Para que no entres en el juego mortal de las proyecciones equivocadas y sin sentido empresarial de calidad, te recomendamos que hagas algo de lo siguiente de una manera constante:

- Pregunta a la persona correcta, no preguntes a las personas que sabes que no tienen los datos adecuados.
- Infórmate en organizaciones que tienen datos estables y veraces, donde la información sea imparcial y no tengan intereses creados ocultos al manejar dicha información

- Constantemente difunde datos estables, correctos y corroborables que muestren datos correctos a las personas que colaboran contigo

- No caigas en la trampa de las proyecciones, no creas que porque pasó una vez siempre debe de pasar de la misma manera.

- Crea soluciones anticipadas para que, aunque sea una proyección bastante certera, logres aprovechar esa oportunidad, mientras que los demás simplemente se ahogan en la incompetencia de hacer algo en contra de la proyección.

- Fórzate a pedir y crear diferentes planes de acciones para que cada proyección sea una oportunidad de crecimiento.

TRAMPA 6: Pensamiento Grupal

Debes de tener mucho cuidado en poner en una democracia las decisiones, sobre todo cuando estás hablando de planeación estratégica.

La planeación estratégica la realiza un pequeño grupo y, ese pequeño grupo tiene altísima influencia tanto en jerarquía como en poder para inspirar y para lograr que cada una de las acciones estratégicas que se están planteando sean llevadas a cabo por el resto de los colaboradores y áreas de la empresa, sin embargo, no debes dejar de ver que el pensamiento grupal también puede tener un lado obscuro y negativo que es muy peligro.

Siempre habrá 2 grupos: uno que es muy positivo y trabajan duro para lograr lo que se requiera a pesar de todo y otro que actuará con miedo y van justificando cada cosa para no avanzar.

Imaginémonos dos escenarios, el escenario número uno es un grupo en donde la gran mayoría están bien, lo mismo aunque lleven poco o mucho tiempo, son personas que son muy positivas al respeto de todo lo que se puede hacer, trabajan muy duro en cada una de las actividades estratégicas, por lo tanto logran un consenso rápido.

Otra parte del grupo no tiene las mismas características emprendedoras y de pensamiento estratégico que el primero, por lo tanto, sus decisiones pueden estar basadas en miedo y claro, van a estar justificando cada una de las cosas para que no se logre determinada actividad o estrategia y, al encontrarte con este tipo de grupos, simplemente te das cuenta que las cosas van más lentas, son más problemáticas, cuesta más trabajo tomar decisiones, no hay compromiso con el grupo y es precisamente por el pensamiento grupal.

Es por esto que nosotros comentamos que la misión, visión, valores y estrategia de la compañía, deben de estar definidas por un grupo muy pequeño de personas para evitare el pensamiento grupal.

Uno de los riesgos más importantes que se corren al llevar a cabo una estrategia dentro de un ámbito de pensamiento grupal, es la diversidad de opiniones, razonamientos, conocimientos y creencias de quienes intervienen. Esta heterogeneidad, dificulta la toma de decisiones, la puesta en marcha de las estrategias, implica mayor cantidad de tiempo y recursos, entre otros obstáculos.

Una premisa fundamental, es que en el pensamiento grupal el comportamiento y razonamiento psicológico de los integrantes, permea todas las acciones.

Lo psicológico sobresale del pensamiento gerencial y se hace más caso a lo emocional que a lo que realmente necesita la organización.

Te vamos a poner un ejemplo: un cirujano (aunque pudiera) no se hace ningún tipo de cirugía a sí mismo o a miembros cercanos de la familia, ya que el procedimiento, sumado a la emoción dificulta su clara toma de decisiones, o su toma de decisiones no puede ser neutral como con otras personas ajenas a él. Imagínate que un cirujano está operando a su propia esposa, toda esa emoción que tiene puede provocar que deje de ver ciertas anomalías orgánicas, Es por eso que no tienen permitido hacer esto para que no intervenga la emoción sobre la razón. Muchas veces es eso lo que tiene el pensamiento grupal, si un pensamiento grupal no está claramente establecido en sus criterios, dejando de lado la emoción entonces este sentimiento va a ser un efecto negativo en algunas tomas de decisiones importante que deben de realizarse. Por lo tanto, tú debes de estar consciente que el pensamiento grupal siempre va estar presente dentro de toda la organización y, debes de tener la claridad suficiente para observar si el pensamiento grupal está siendo un medio para acelerar los resultados o está siendo claramente un obstáculo que te está deteniendo de lograr tus resultados.

Pon mucha atención y cuidado en la observación y acciones para identificar el Pensamiento Grupal, algo de lo que te recomendamos es:

- La visión, misión y valores organizacionales deben de ser establecidos por un grupo muy pequeño de la compañía, por el grupo más visionario y positivo.
- La visión debe ser establecida por la dirección general y debe ser compartida a la compañía.
- Muchos hablan de tener una "visión compartida", si claro, pero refiriéndose a que el Líder genere y comparta esa visión a la compañía y, no que la compañía genere la visión porque no lograrán nada debido al Pensamiento Grupal

- Si notas que algo no está funcionando como quieres o a la velocidad que lo quieres, encuentra al líder del grupo o al grupo líder que está provocando un pensamiento grupal adverso y, enseguida ilumínalos o elimínalos porque de seguir así no lograrás lo que deseas.

- Identifica cuáles son las razones detrás u ocultas del pensamiento grupal y comparte datos claros que logren eliminarles el miedo y clarificarles el rumbo

- Miedo es generado por la falta de información así que tu deber es: dar información constantemente.

TRAMPA 7: El Estatus Quo

El status Quo es aquel momento en el que las personas simplemente están muy a gusto haciendo lo que están haciendo, como lo están haciendo, tal vez porque lo han hecho por mucho tiempo o porque se sienten cómodos haciendo lo que están realizando de la misma manera, sin embargo, el status Quo no favorece al desarrollo ni a la flexibilidad de las organizaciones.

Es una condición normal del ser humano el quedarse donde se siente a gusto y cómodo. Pensemos por ejemplo el caso de un alpinista, este alpinista se prepara por mucho tiempo, llega el día en el que va a subir una montaña, sube la montaña con mucho esfuerzo, llega a la cima, se detiene, se siente muy emocionado, se detiene a contemplar el paisaje, descansa y, el problema en las personas que están dentro de las organizaciones es que están como este alpinista; llegan a una meta, llegan a un puesto, llegan a un lugar en donde les costó mucho trabajo, pero su descanso se vuelve eterno, entonces toda la vida se la pasan exactamente en ese mismo lugar, haciendo lo mismo y trabajando de la misma manera. No les gusta que haya cambios, que haya retos constantes, que haya movimiento, porque es más cómodo seguir como están. Es por esto que el status QUO es una trampa de las más graves que hay dentro de una organización.

Ahora ya sabes porque las personas se resisten de cierta manera a tener sesiones de planeación estratégica, claro, porque corren riesgo de cambiarles lo que han venido haciendo y eso no les gusta.

Dentro del status QUO pasa lo siguiente: las personas no quieren moverse de donde están porque siente que si se mueven de donde están tendrán un sentido de pérdida y tú al momento que le estas dando una nueva visión un nuevo reto y demás, ellos en teoría deberían de verlo como una ganancia. El problema o la diferencia, es que muchos de ellos ven que la pérdida es más grande que la ganancia, por lo tanto, van a estar siempre buscando cómo quedarse con esa supuesta ganancia, con eso que tienen actualmente para no perderla.

Por otro lado, si logras estructurar las cosas para que las personas observen que el moverse traerán mayores ganancias (no estamos hablando de ganancias económicas exclusivamente, sino en general mayores ganancias) entonces las personas dirán internamente ¡OH! Vale la pena modificar actitudes, pensar positivo, cambiar mis paradigmas para lograr aquello nuevo que se está teniendo. Entonces una forma para erradicar el status QUO es poder tener una comunicación clara con tus colaboradores al respecto de cuáles son las ganancias que se obtendrán haciendo ese movimiento.

¿Qué hacer entonces para eliminar o reducir el Estatus QUO?, Aquí te mostramos algunas de las ideas más finas y poderosas al respecto:

- ¡No dejes de moverte!, siempre ten a tu equipo de personas en constante movimiento, colócales retos cada vez más altos o mayores, si la meta era 90%, que cada trimestre aumente un 1%, luego un 0.5%, pero siempre debes de programar ¡Avance! Para que la costumbre sea ¡Avanzar!

- ¡Reto constante!, si lo lograste en 30 días ahora que sea en 29 y luego en 28 días, nunca dejes de colocar reto constante.

- Coloca los tableros de indicadores de éxito a la vista de todas las personas, para que todos vean e identifiquen en donde se están dando, tanto los buenos como los malos resultados. No tengas los indicadores de éxito en carpetas o en las computadoras, el efecto que buscamos es que este a la vista el comportamiento organizacional,.

Con lo que sabes hasta este momento: ¿Cuál de todas las Trampas es la que más puede dañar el éxito de la Planeación Estratégica? Explica el por qué honestamente.

SECCION 2
EL MÉTODO DE PLANEACIÓN ESTRATÉGICA TOTAL®

UN MILLÓN, CONTRA CINCUENTA MIL Y ¿NO QUIERE NOS DESCORAZONEMOS?

NO SÉ... COMO SEA.

PESE A TODO, *ALEJANDRO* HABÍA ANALIZADO A FONDO LA *SITUACIÓN* Y SE ENCUENTRA TRANQUILO.

ÉL SABÍA QUE *DARÍO* SIEMPRE USABA SUS CARRUAJES CON ESPADAS PARA DESCUARTIZAR A SUS ENEMIGOS.

Y POR ESO HABÍA HAYANADO EL TERRENO DE *GAUGAMELA*.

ADEMÁS, EN EL MUNDO SE ESCUCHABA QUE EL EJÉRCITO DE ALEJANDRO NUNCA HABÍA PERDIDO UNA SOLA BATALLA Y QUE ESPERABAN QUE LLGARA EN 7 DÍAS PERO LLEGÓ EN MENOS DE 48 HORAS A GAUGAMELA.

DARÍO OBSERVA AL PEQUEÑO EJÉRCITO DE SU OPONENTE Y CONFÍA DISPONIENDO SUS GIGANTESCAS TROPAS FRENTE DE ÉL.

¿CUÁL ES LA ESTRATEGIA SEÑOR?

HE ANALIZADO LA SITUACIÓN Y POR SUPUESTO ES INÚTIL QUERER DERROTAR POR COMPLETO AL EJÉRCITO DE UN MILLÓN DE HOMBRES DE *DARÍO*

VAYAN Y DÍGANLE A MI EJERCITO QUE SÓLO HAY UNA *ESTRATEGIA*...

¡¡¡MATAR A DARÍO!!!

PASO 1
OBJETIVO

PROPÓSITO ESTRATÉGICO

El propósito estratégico de Alejandro Magno era absolutamente claro: "llevar la cultura griega a todo el mundo conocido".

Ese propósito estratégico era lo que alimentaba de energía cada día de su vida y lo que le ayudaba a superar cada obstáculo que se le presentaba en su vida.

Cada uno de nosotros tenemos un propósito estratégico, el punto es ¿cuál es?, porque dependiendo de lo que tú tengas en mente eso es lo que lograrás. El propósito de Filipo, papá de Alejando, era el ser un gran guerrero y lo logró, pero no consiguió nada más que ser un gran guerrero bárbaro que no trascendió a la historia por sus grandes logros, sino simplemente por ser el padre de Alejandro Magno ¿cuál es el tuyo?

"La persona más patética de este mundo es aquella que tiene vista, pero no tiene una Visión"

—Helen Keller

Una enorme cantidad de personas, empresarios y emprendedores piensan equivocadamente que el dedicar tiempo a construir, o al menos clarificar un propósito estratégico, es algo que no les traerá grandes beneficios o lo hacen como si fuera "la tarea de la escuela", simplemente por cumplir. ¡Qué horror!.

El propósito estratégico es lo más valioso que se puede tener dentro de cualquier empresa o institución. Sin él solamente se cuenta con un sentido vacío, una robotización de las actividades, un barco a la deriva al que ningún viento le es a favor, una vida plenamente estéril, es como "vivir por vivir", y pues esto a la larga crea una enorme insatisfacción en la vida de las personas.

El propósito estratégico se compone de tres elementos importantísimos, y es como un banco de tres patas, si quitas una se cae el banco, así que las tres siempre deben de estar presentes pues son el sostén del mismo:

- Propósito actual o Misión.
- Propósito futuro o Visión.
- Propósitos guías o Valores.

En términos generales, la misión es clara y concisa y es una frase emotiva que nombra cada razón por la cual la organización existe hoy en día. La visión representa un propósito futuro proveyendo una imagen mental de lo que aspira la organización a lograr, y por otro lado soportando tanto los propósitos actuales como futuros. Finalmente están los valores, los valores son los ideales y los principios que guían los pensamientos y acciones de una organización y define su carácter.

La misión, la visión y los valores conforman la base filosófica de una corporación y proveen una fuerza de dirección poderosa para unificar y coordinar las acciones y decisiones para asegurar el uso óptimo de los recursos.

Trabajando de la mano; la misión, la visión y los valores proveen una fuerza de dirección poderosa para unificar y coordinar las acciones y decisiones para asegurar el uso óptimo de los recursos.

Ya que la estrategia está íntimamente ligada con la localización de recursos limitados, identificar un propósito actual y futuro es crítico estratégicamente hablando. Establecer un propósito provee las bases generales para que la localización de recursos y las decisiones sean hechas de una manera muy favorable.

Propósito Guía: Valores

Engranando el propósito presente y futuro se encuentran los valores, los cuales son los ideales y principios que guían los pensamientos y comportamientos de la organización

Dado que los valores representan los pensamientos clave ellos son un disparador muy importante de la cultura organizacional

Los valores dan forma a la conducta de la gente en sus interacciones con sus clientes, con sus proveedores, con sus vendedores y con todas las personas que los rodean. También ellos proveen una base filosófica para toma de decisiones en proceso que se vive día a día en la organización

Tanto los valores como la visión y la misión deben de ser compartidos a cada uno de los miembros de la compañía, sin embargo, estos tres elementos son generados por la alta dirección de la compañía, los dueños o los accionistas y de ninguna manera deben de ser producidos por el consenso dentro de la compañía, ya que cada persona dentro de la organización podrá tener tanto perspectivas diferentes como interés heterogéneos, aquí lo que se manifiesta es el liderazgo de la alta dirección de la compañía, de sus dueños o de sus directivos, tal que los colaboradores puedan entenderlos, clarificarlos y vivirlos.

Si una persona dentro de la compañía no los vive y no está plenamente comprometidos con ellos, lo mejor será que esa persona no permanezca más dentro de la compañía, puesto que va aponer en riesgo todo el desarrollo completo de la organización y, por lo tanto, de los demás colaboradores y familias que dependen de la compañía.

Todos los colaboradores de la empresa o institución deben de demostrar en el día a día ese entendimiento y puesta en acción de los valores. Las encuestas de nada sirven, lo importante que es que los valores se demuestren en cada acción que se lleva a cabo.

¿Quieres darte cuenta de cuáles son los valores que verdaderamente están presentes en una organización?, basta con olvidarte de los "cuadritos" que tienen impecablemente diseñados y puestos en donde los clientes puedan verlos y empezar a observar detenidamente el comportamiento de la organización, incluso hay ocasiones en que ni tan detenidamente se tienen que leer del cuadro que cuelga de la pared, pues los valores "saltan" a la vista de manera indiscutible.

Los valores son la más clara demostración de tu actuar día a día, es por eso que un buen grupo de valores cumple con los siguientes criterios:

- Representa los ideales y principios.
- Guían la acción y la toma de decisiones.
- Provee de fundamentos para la visión y misión.
- Son verdaderos y reales para la organización.

MISIÓN

La misión responde a la pregunta ¿Para qué? ¿ Para qué estamos aquí?, ¿ Para qué hacemos lo que hacemos?, ¿ Para qué atendemos a quien atendemos?.

"Un cuerpo pequeño con un espíritu encendido por una inquebrantable fe en su misión puede alterar el curso de la historia"

—Mahatma Gandhi

Para una gran cantidad de personas y empresas en el mundo es bastante difícil crear una Misión, y es entendible, pues quizá pocas veces se han detenido a pensar ¿por qué estamos haciendo lo que estamos haciendo?.

Las respuestas regulares de un negocio o empresa a la pregunta ¿por qué hacemos lo que estamos haciendo pueden ser algo como:

- Para hacer dinero
- Para mantener a mi familia
- Para continuar con el negocio de la familia
- Para volverme multimillonario

- Para tener una libertad financiera a una temprana edad, etc.

Y no es que esté mal tener estas ideas en la mente, simplemente que son ideas que están muy, pero muy en la superficie de lo que realmente puede hacer un negocio o institución por el desarrollo de la sociedad.

¿ Para qué estamos aquí?: Misión.

La misión responde a la pregunta ¿ Para qué? ¿ Para qué estamos aquí?, ¿ Para qué hacemos lo que hacemos?, ¿ Para qué atendemos a quien atendemos?.

Si no tienes claro para qué estás aquí en el mundo como persona o como empresa o institución, entonces cualquier rumbo es bueno, pues careces por completo de un sentido de orientación.

Beneficios de una Declaración de Misión

Como lo hemos comentado, la Misión da un sentido de propósito actual a cada uno de los miembros de la organización.

En verdad que no quieres estar trabajando dentro de una organización cuyo único propósito sea el producir o el entregar cierto servicio, aunque es lamentable que la gran mayoría de las organizaciones piensan y actúan así.

Los mejores resultados siempre provienen de aquellas organizaciones que tienen un propósito mas allá que el de producir o entregar lo que producen o lo que hacen, eso es producto, el verdadero sentido es el que logran con aquello que producen o hacen a diario y ese es el propósito que logra la diferencia entre las empresas y personas "del montón" y las que son icónicas o que sobresalen por encima del promedio.

Algunos de los beneficios de hacer una excelente declaración de misión son los siguientes:

- La declaración de misión da a todo mundo una base que guía y unifica las decisiones estratégicas. Sin un propósito actual o misión tú no tienes unas bases objetivas con las cuales puedas seleccionar o medir las decisiones que estas teniendo.

- En segundo lugar, la declaración de misión asegura que grupos funcionales diferentes dentro de la organización e individuos dentro de los departamentos tengan la misma forma de razonar y reflexionar con referencia a sus acciones. La misión actúa como una brújula que se asegura que todos en la organización están jalando en la misma dirección .

- Tercero, la declaración de la misión asegura de manera profunda el componente emocional de por qué la gente hace lo que hace dentro de la organización en base a sus clientes. En otras palabras la declaración de misión llena una parte emocional y emotiva muy importante para las gentes, de tal manera que satisface a todo su ser.

- En cuarto lugar, las investigaciones han demostrado que las compañías con una declaración de misión bien elaborada estan relacionadas con mayor éxito financiero y son reconocidas por una calidad superior comparadas con compañías que tienen una declaración de misión pobre o inexistente. Otros estudios han corroborado que las compañías que trabajan de acuerdo a su declaración de misión tienen un 30% de incremento en sus estados financieros.

Criterios para tener una excelente declaración de Misión

Una forma segura de que la declaración de Misión está totalmente bien establecida es cuando favorece estos 5 criterios:

- ¿Qué función estamos desempeñando?
- ¿Cómo estamos desempeñándola?
- ¿Por quién esta desempeñada?
- ¿Por qué es desempeñada?
- ¿Nos está enfocando a alcanzar nuestra unicidad?

Hemos comentado antes que la Misión responde a la pregunta ¿Por qué estamos aquí?, pero recuerda, siempre desde un pensamiento profundo, el cual está íntimamente relacionado con el apoyo que, como organización, brindamos a la sociedad en su mejoramiento contínuo y siempre enfocada en el presente, en el aquí y el ahora.

Existen Misiones que son muy cortas pero a la vez profundas y trascendentes, aquí te comparto algunos ejemplos:

- GOOGLE:
- La Misión de Google es organizar la información del mundo y hacerla universalmente accesible y útil.
- FACEBOOK

- La Misión de Facebook es dar a las personas el poder de compartir y hacer el mundo más abierto y conectado.
- SKYPE:
- La Misión de Skype es ser la fábrica de comunicación en tiempo-real en internet
- YOUTUBE:
- La Misión de YouTube es proveer acceso fácil y rápido a videos y la habilidad de compartir videos frecuentemente
- APPLE
- Brindar la mejor experiencia de computadoras personales a estudiantes, educadores, profesionales creativos y consumidores alrededor del mundo mediante su innovador hardware, software y oferta vía internet.
- BIG RIVER
- Reducir el tiempo para el éxito de los estudiantes y de las organizaciones.

Como verás la Misión da un sentido increíble de pertenencia, de orden y de comportamiento en tiempo presente. La Misión siempre está hablando en tiempo presente de la razón trascendental de por qué haces lo que haces, pero día a día y minuto a minuto.

Ejemplo en Choco-Rico

"En Choco-Rico estamos para aumentar de manera constante el gusto por el chocolate en cada paladar de las personas"

Ejercicio de la vida real

Con lo que hemos compartido al respecto de la Misión, crea un párrafo en donde puedas sintetizar o resumir lo escrito el cual puedas tomar como tu Misión. Puedes consultar las información que previamente hemos compartido para ti.

Puedes también hacer varios párrafos con la intensión de que selecciones aquél que le encuentres mejor sentido y vaya más con tus ideales y creencias. Recuerda que la Misión es elaborada por el Líder o las Personas Líderes de la organización y no es algo que sea sometido a un gran número de personas.

VISIÓN

Sólo unos pocos son capaces de tener una visión tan clara que casi puede ser tocada y percibida por cada uno de tus sentidos, cuando llegas a esto, sabes que has hecho un buen ejercicio de visión.

"El mayor peligro de todos nosotros, no es que nuestro objetivo este demasiado alto y fallemos, sino que esté demasiado bajo y lo alcancemos"

Miguel Ángel.

Existen visiones y existen Visiones (con una V mayúscula). Nosotros hemos estado en varias interpretaciones concernientes a este paso, el más importante es que nuestra visión debe de ser grande, debe de abarcar toda la compañía, debe de ser por muchos años y esta frase y las intenciones que la visión conlleva, deben de quedarle claro a todo mundo, desde al nivel más básico hasta el nivel más alto o corporativo, pero para nosotros, la visión es mucho más que el mejor resultado nunca antes imaginado; la visión crea un marco de referencia para un plan estratégico, es decir, es el corazón del plan y absolutamente todo se liga a él.

Si la vida te da limones, bueno, tú sabes qué hacer con ellos

Enfrentémoslo, los negocios siempre tienen problemas y siempre están en una lucha continua, así que si somos fuertes, entonces hay que luchar con un gran significado, para hacer el trabajo significante tú debes de retar a la gente a alcanzar nuevas fronteras como equipo y también como individuos.

La Visión crea un marco de referencia para un plan estratégico, es decir, es el corazón del plan y absolutamente todo se liga a él.

Recuerda a tu coach favorito o tu maestro, tu manager, tu miembro de familia favorito o aquel amigo quien te incitaba siempre a dar lo mejor de ti. Este ser que siempre te apoyó y alentó para dar un esfuerzo extra te dejó algunas enseñanzas y, una de ellas es que, nada se logra sin luchar y buscar alternativas innovadoras y, la recompensa es satisfactoria. ¿cómo se sentía esto al final? ¡muy bien! ¿no?, claro que te sentías muy bien por que habías logrado lo que tú buscabas.

Establecer la altura de la barra

Tú puedes recordar una de las principales quejas acerca de la planeación estratégica: de que si es visionaria o demasiado táctica, es decir, que si está demasiado lejos o si está demasiado cerca.

Tú debes de establecer la barra lo suficientemente alto, forzándote a tener nuevos niveles de precedentes para que un nuevo desempeño emerja de ti y tengas que trabajar para poder superar esa barra.

El visionar es muy difícil para la gente que es muy práctica quienes siempre están muy acostumbrados a los datos y a los resultados porque no están acostumbrados a lidiar con el futuro y para ellos es un lugar que antes no lo han visitado.

Todos los hechos y la experiencia de uno están en el pasado, si el futuro se ve exactamente como el pasado, entonces una proyección en línea recta del pasado al futuro funciona perfectamente, lo que hace a la gente práctica ponerse nerviosa, son que los supuestos son difíciles de visualizar y siempre entran en conflicto con los datos actuales. Para hacer esto peor, no sólo debes especular acerca de cómo se ve el futuro, pero también debes de definir cuál es el capital, el tiempo, los activos y los conocimientos para pasar de las operaciones actuales a los resultados futuros.

Visión: Todo está en tu mente

Tú siempre estas creando visiones ya sea que estés consciente de eso o no, tú dedicas múltiples (y quizás agonizantes) años de tu vida al estudio y a la preparación académica porque tú proyectas que vas a tener un retorno de inversión muy bueno en el futuro si haces bien las cosas en la escuela.

No puedes empezar un negocio sin una visión que sea real y, a la vez, prometedora,, siempre se empieza un negocio pensando en que esta acción va a tener un retorno muy interesante y por eso es que estas dispuesto a luchar por él.

Tú no creas una visión con tus ojos, tu lo haces con tu mente alimentada de tus esperanzas, sueños, ilusiones e intuiciones, el filósofo Johann Wolfgang Von Goethe dijo: "Sea lo que sea que tu puedes hacer o soñar tú lo puedes hacer, empiézalo ahora, la fortaleza crea el genio, el poder y la magia en él". Todas las cosas son desencadenadas por la iniciativa de otra manera las cosas permanecerán bloqueadas por la procrastinación, la indecisión y la timidez. Como líder, visionar es una cosa única en tu trabajo y vital para el desarrollo estratégico de tu compañía.

La visión no es para cobardes

El anterior y CEO Jack Welch dijo "los nuevos líderes de negocios crean la visión, articulan la visión, apasionan con la visión y enfocan todas sus fuerzas hasta lograrla" esto es verdad. Los desempeños que realmente son de cambios radicales siempre son empoderados por la imaginación y pisan tierras nuevas y demandan que la gente haga su esfuerzo como nunca antes lo han hecho.

Se requiere de muchas agallas el tener una visión, por que tan pronto como nace la gente que está en su zona de confort se disgusta y empieza a generar muchas críticas acerca de esa nueva idea esperando que la nueva idea nunca pueda sobrevivir y muera y, así todo mundo desea seguir en su zona de confort. Tan pronto como tú expresas una visión, como un imán tú atraes a muchísima gente escéptica, hasta el punto de que ellos siempre empiezan a cuestionarse si verdaderamente es lo más importante llegar allá o no, obviamente porque ellos están mucho más cómodos en su zona de confort. Sin embargo, este pensamiento retrógrado, es lo que lleva a una mediocridad generalizada que termina por matar a los negocios. El defender a las visiones es difícil, la verdad sea dicha al respecto de algunos puntos que debes de decir relacionados con responder a la visión.

Responde a las críticas: "Lo siento, no lo he inventado aún".

Una visión que está lo suficientemente fresca y acaba de salir de la mente brillante de algún visionario, no puede ser totalmente completa ya que existen demasiadas cosas por ser inventads, concebidas o maduradas aún para poder lograr que la visión se convierta en realidad.

Para la gran mayoría de las personas es inmensamente más práctico, fácil (y además que muchos poseen la maestría honoris-causa en esto) y cotidiano el criticar al visionario, claro, son gente que no quieren ser movidos de su zona de confort, o por algún raro gen en su organismo piensan que el ponerse en contra y escépticos es sinónimo de "ayudar".

Así que lo que tú debes de hacer es agradecer que existe esa gente porque te estará alimentando de cientos de ideas de cómo poder mejorar y perfeccionar tu visión. La posición que debes de adoptar es la de entender que "nada es personal" y que "las palabras sólo te hieren si se los permites", así que algunas de las respuestas inteligentes que puedes dar son:

- "No lo sé"
- "Esa es una excelente pregunta"
- "No lo he descubierto aún"
- "Es interesante tu punto de vista"
- "Déjame pensarlo, pues seguramente algo bueno sacaré de esto"
- "Buen punto, aún no tengo todas las respuestas"

Entiende esto de una buena vez, los criticones muchas veces sólo criticarán porque es más fácil que "echados" en su sillón del status quo o del confort ver las cosas de una manera negativa porque no tienen las suficientes agallas para hacerlo por sí mismos o porque tienen tanto miedo de hacer algo y equivocarse que en respuesta todo lo que hacen es criticar.

Te recomiendo que tomes cada una de las críticas como una OPORTUNIDAD en lugar de tomarla como una crítica, ¡sí!, mentalízate de que la persona no te está criticando, sino al contrario, te está ayudando con mucha información para hacer tu Visión más poderosa.

Futuro: La Visión Propósito

El propósito futuro de una organización esta descrito a través de su Visión, creando una imagen mental perfectamente clara acerca de cómo la organización se va a ver posteriormente.

En tanto que el propósito presente o la Misión responde a la pregunta: ¿cuál es el propósito de hoy en día?, el propósito futuro o de Visión responde a: ¿dónde es que va estar nuestra organización en el futuro?. Siendo capaz de responder las preguntas: ¿En dónde estamos hoy y hacía dónde vamos? se crea una amalgama vital para el logro de la estrategia.

El propósito de visión provee dos cosas principales:

- Una guía estratégica, y
- Un enfoque motivacional.

La visión crea tensión pero, ¡ese es su trabajo!

¿Recuerdas alguna vez que tú quisiste algo tan, pero tan fuerte que casi lo pudiste saborear y estás preparado para hacer el primer movimiento ya sea en el cielo o en la tierra para obtenerlo?, bueno esa es la tensión de un deseo o una visión no resuelta todavía, la cual trabaja para motivarte a ti y este es exactamente el rol que la visión juega en tu plan estratégico

En este paso tu visión es una solución para un problema especifico que has seleccionado como desarrollo de tu plan estratégico así que esto detona o abre una brecha clara, mental, emocional y física entre lo que tú tienes y lo que tú quieres. Y la única forma de cerrar esa brecha es superando los obstáculos que te separan de tu visión.

Una visión vaga es una visión débil

Usar frases generalizadas para escribir la visión es una tendencia común y natural pero ciertamente nada positivo ni para tu organización ni para ti. Evita usar frases generalizadas o ambiguas pues no lograrás nada, nadie le entenderá (posiblemente ni tú mismo le entiendas). Algunos ejemplos de Visiones Vagas, sin sentido, ambiguas y desmotivantes son:

- Mejorar las utilidades
- Aumentar las ventas
- Ser los líderes
- Ser reconocidos
- Disminuir los costos
- Ser competentes
- Dar felicidad

- Expandir nuestros horizontes
- Penetrar el mercado, etc

La tentación a tener Visiones Vagas es inentendible porque la gente práctica sabe que los resultados y los hechos que producen todos recaen en el pasado. El futuro es incierto y crea que una persona pragmática o práctica se sienta no confortable y vulnerable de adivinar lo que los hechos del futuro traerán para él y no es algo en lo que él se sienta normalmente cómodo (recuerda que arriba de un 95% de las personas se sienten cómodos haciendo exclusivamente lo que han hecho en el pasado) sin embargo, mientras más clara y precisa sea tu visión más ayudará a las personas a estar dentro de la realidad y a crear ideas al respecto de cómo lograr dicha visión.

Tú debes de cuantificar cada aspecto de tu Visión para saber si estas cayendo en una Visión Vaga o en una Visión adecuada. Existen algunos ejemplos de antes y después acerca de la visión los cuales compartimos contigo para que tengas ideas claras, tanto de lo que se debe de hacer como de lo que no se debe de hacer:

- Visión Vaga: "Tener empleados felices."
- Visión Especifica y cuantificable: Reducir la rotación del personal en un 50% dentro de los próximos 2 años con una lista de personas deseosas por pertenecer a la compañía y cada uno bien calificado en su posición dentro de los próximos 3 años.

- Visión Vaga: "Reducir gastos."
- Visión Especifica y cuantificable: Reducir los costos fijos por un 15% en un año y reducir los costos variables por un 20% en los próximos 2 años.

- Visión Vaga:: "Incrementar utilidades ."
- Especifica y cuantificable: Doblar la productividad, la fuerza de ventas en tres años de 200,000 mil a 400,000 mil dólares por vendedor con un margen de contribución no menor al 50%

Así que nuestra mejor recomendación es: cuantifica, cuantifica, cuantifica y cuantifica más y cuantifica de manera incansable tu Visión, de esta manera evitarás caer en Visiones Vagas y, si cuantificas tu Visión, cada empleado dentro de la organización tendrá un parámetro absolutamente claro para lograr lo que debe de alcanzar.

Enfoque, enfoque, enfoque

La Visión enfoca las opciones, la visión crea un corral en el cual se mueve el esfuerzo, la energía y la innovación en un espacio totalmente establecido y limitado. La visión dice: "yo quiero todo tu esfuerzo, intelecto e ingenio enfocada en un espacio especifico".

Donde hay una Visión absolutamente clara es seguro que se generará una organización exitosa

La visión crea enfoque de cada una de las personas y con esto se logran resultados verdaderamente sorprendentes y muchas veces inimaginables a los ojos de los incrédulos o de los críticos.

"A donde va la atención la energía fluye, y donde la energía fluye la vida crece", esta es una frase increíble que explica por sí misma por qué muchas organizaciones fracasan y otras son exitosas, sin duda el común denominador es su Visión; Donde hay una Visión absolutamente clara de seguro se generará una organización exitosa.

Esperanza, prosperidad y desempeño

La visión crea esperanza de que existe más que un "cuarto de emergencia" (la gran mayoría de las empresas y organizaciones actuales viven en cuartos de emergencia, apagando fuegos, inmersos en caos y desorientación) en el cual todos los días todo el mundo pierde el control con eventos no planeados y el mañana se ve exactamente como se ve el hoy y como se vió el ayer.

La visión nos permite moldear nuestro futuro, al contrario de que normalmente la gran mayoría de las personas se tienen que moldear al futuro y nos permite ser proactivos en lugar de ser reactivos.

La visión frecuentemente promueve la prosperidad y la abundancia entre las personas que conforman a la organización, finalmente la visión desencadena el potencial humano. Muy poca gente realmente sabe todo lo que es capaz de realizar y lograr, si tú no creas una visión para tu gente ellos no lo harán por si solos. Generalmente hablando, la gente no toma riesgos, si no que la gran mayoría de la gente espera que alguien tome riesgos por ellos pero te sorprendería saber que esta persona (la cual es llamada líder) les comparte su visión o los riesgos, estos dirigentes evidentemente pueden seguirlo y transformar una empresa mediocre en una gran empresa, la moraleja es: para ser un líder tú tienes que ser visionario.

Ejemplos de declaración de Visión

Generalmente las declaraciones de visiones son más concisas que las declaraciones de misiones y en algunos casos estos son lo suficientes concisos para disparar la creatividad de las personas y el poder para lograr las metas u objetivos que se proponen. A continuación te ofrecemos unos ejemplos que te ayudarán a crear tu declaración de visión.

- AVON: Nuestra visión es ser la compañía que mejor entiende y satisface en producto y servicio las necesidades de las mujeres.
- HERTZ: Ser la primera opción en renta de vehículos para cualquier cliente local o viajero, que por necesidad de negocios o vacaciones, requiera un automóvil para su transportación.
- AMAZON: Ser la mejor compañía en la tierra centrada en el cliente, teniendo un lugar donde la gente puede llegar a encontrar y descubrir cualquier cosa que quieran comprar en línea.
- MICROSOFT: Una computadora personal en cada casa con software de Microsoft.
- NIKE: Ser la compañía de elementos de atletismo número 1 del mundo.

Ejemplo en Choco-Rico

"Ser el número UNO en ventas totales del mercado nacional, con excelentes productos y con un margen de contribución mayor al 65% y duplicar nuestras ventas en los próximos dos años."

En resumen:

- Ser el número uno en ventas totales del mercado nacional
- Tener un margen de contribución mayor al 65%
- Un incremento del 50% en las ventas en los próximos dos años ·
- Ofrecer un producto de excelente calidad

Ejemplos de la vida real

- Proporcionar Los mejores fondos de inversión del mercado con un 25% de crecimiento compuesto por año.

- Ser una compañía de 100 millones de dólares en los próximos 5 años.

- Ser líder en el negocio de internet con 250 millones de dólares en ventas, 50 millones en ganancias y un 90% de la satisfacción de nuestros clientes en los próximos 3 años.

- Crecer 75 mil dólares por tienda dentro de los próximos 3 años.

- Generar un prospecto cada 30 minutos en nuestro telemarketing on line y vender una computadora cada 30 minutos con 2 días de entrega y 30 minutos de instalación

- Seis nuevos clientes anuales y 2 que se mantengan de manera continua.

- Ser el proveedor de montacargas número 1 para el siguiente año.

- Desarrollar 1,000 nuevas casas para venta durante los próximos 2 años.

Ejercicio para ti

Con lo que hemos compartido al respecto de la Visión, crea un párrafo en donde puedas sintetizar o resumir lo escrito, de tal forma que lo puedas tomar como tu Visión. Puedes consultar las información que previamente hemos compartido para ti.

Puedes también hacer varios párrafos con la intensión de que selecciones aquél que más te haga sentido y vaya más con tus ideales y creencias. Recuerda que la Visión es elaborada por el Líder o las Personas Líderes de la organización y no es algo que sea sometido a un gran número de personas.

VALORES

Es inútil tener declarados los valores si estos no se viven en el día a día, dentro de la organización y por cada una de las personas que integran nuestra empresa u organización.

"Cuando tus valores son claros para ti, tomar decisiones se vuelve más sencillo"

Edward de Bono

La cultura de la compañía es tan fuerte y tan importante que dicta el comportamiento recurrente, dicta lo que va a ser hecho y lo que no va hacer hecho por su fuerza de trabajo.

Para muchas organizaciones la cultura de la compañía es muy difícil de sobrellevar, este poderoso comportamiento es lo que guía la fuerza de trabajo en todas las organizaciones ya sea que tú la puedas describir o no, que las puedas ver o no, pero esto siempre está presente, así que más vale que sea una cultura que tú hayas forjado o creado deliberadamente para lograr los fines que tú deseas, de otra manera se logrará un "monstruo" (como hay cientos de miles de organizaciones hoy en día) que sólo viven por vivir, totalmente huecas y sin un rumbo o un sentido son sólo un espíritu vegetativo de existencia.

Los Colaboradores: tu única y sostenible ventaja competitiva.

Para llegar a obtener el liderazgo de mercado tú debes sostener un desempeño de tu producto diferenciado y superior con relación a tu competidor, sin embargo, en algunos sectores esto es prácticamente imposible, ya que cualquiera con recursos puede aplicar una ingenieria en reversa y en semanas o meses puede estar replicando lo que tu haces.

La verdadera y única y sustentable ventaja competitiva que tú tienes es tu gente y cómo ellos ejecutan y hacen suyos los valores de la compañía.

En ninguna forma nosotros minimizamos la necesidad de mejorar el desempeño de tus productos o servicios, al contrario de lo que se piense. Un desempeño excelente de tu producto o servicio lo puedes obtener si tú te preocupas tanto por tu producto y servicio como por tus colaboradores dentro de la compañía que mejor ejecuten y lleven a cabo los valores. Este tipo de colaboradores y de personal son los que promueven que una compañía prevalezca con muchas más probabilidades en el futuro ya que la compañía no sólo es el director, sino que la compañía está conformada con todas las personas que hacen posible o hasta lo imposible para lograr los objetivos, las metas, la visión y la misión dentro de la compañía misma.

No importa cuánto se esfuerce el equipo ejecutivo o gerencial en llevar a cabo de una manera increíbles las cosas, o cuánto gasten en una u otra tecnología, lo verdaderamente importante es que toda, TODA la gente que colabora dentro de la organización e incluso fuera de la organización como tus Proveedores vivan fielmente los

Valores que la compañía ha establecido. Esta no es una labor de pocos, sino una intensa labor de muchos o de todos.

Retos matemáticos

Los cambios organizacionales y culturales inician con la Visión, la ambición y empuje del fundador, luego con la adición de cada colaborador la cultura cambia para lograr lo pretendido.

Las implicaciones que se relacionan al momento de meter o sumar a cada colaborador dentro de tu fuerza de trabajo se expande exponencialmente con cada empleado que se suma a tu fuerza y, es por eso que se tiene que tener mucho cuidado en la definición de cada colaborador, de lo que cada miembro va a realizar y cómo él va a aportar a la compañía, ya que también se ha dado que algunos de nuestros

Los Valores deben de estarse repitiendo momento a momento, dentro de cada reunión que sea posible para que cada colaborador siempre actúe de acuerdo a ellos.

directores o dueños de la empresa de pronto nos han comentado "yo contraté a la fuerza de trabajo para que trabajara para mí y, ahora me encuentro que yo estoy trabajando para ellos, creo que estoy construyendo un Frankenstein".

Un buen día estaba con una gran Amiga y un Cliente que es fisioterapeuta pues tenía cierta dolencia en la espalda desde hacía ya algún tiempo.

Al momento en que viene a saludarme noto a lo lejos que ella andaba peor que yo por como la veía, y le pregunte: ¿qué tienes?

Ella cortésmente me respondió que estaba sumamente cansada, pues la gente no le respondía y ella trataba por todos los medios de acercarles herramientas y conocimientos para que juntos pudieran llegar más fácil a las metas, pero parecía que nada de esto estaba funcionando y que ya andaba muy cansada.

Le comenté algo que suelo compartir con muchos dueños de corporaciones y gerentes de departamento: "¿no te ha pasado, Claudia, que tú sientes que creaste una empresa o un departamento para que los colaboradores puedan "jalar la carreta" mientras que tú vas arriba viendo qué camino tomar para llegar más rápido a tu destino, pero en cambio te das cuenta que la realidad es que tus colaboradores van arriba de la carreta "chachalaqueando" mientras que tú sientes que vas solita "jalando la carreta"?

¿Alguna vez te has sentido así?, ¿más de una vez?, ¡vamos sé honesta!, esto sucede mucho más a menudo (pregúntale a tu jefe o al dueño de la compañía) en organizaciones que no tienen el suficiente cuidado para explicar a cada uno de los colaboradores las implicaciones de trabajar para la organización.

Esto no sucede cuando los líderes de las compañías tienen la suficiente claridad e influenza para compartir los Valores de la compañía con cada uno de sus colaboradores, "pero toma mucho tiempo y esfuerzo", así que lo que se necesita es que la compañía tenga Valores claros y esos Valores deben de estarse repitiendo momento a momento, dentro de cada reunión que sea posible, para que los colaboradores siempre los tengan presentes y no haya ningún tipo de duda al respecto de eso.

A menos que tú específicamente decidas cambiar la cultura de tu compañía y enfocarla hacia el problema estratégico tú puedes estar cierto de que la cultura va a permanecer sin cambio alguno y, que por lo tanto, el problema nunca va ha ser resuelto, en otras palabras, para poder cambiar a una compañía necesita haber también un cambio de cultura y no sólo de procesos.

Antes de emprender alguna modificación, administrativa, filosófica, económica, o cualquier otra, debes de iniciar por plantear la reestructuración cultural de las personas que laboran en tu empresa y, esto se dificulta aún más, cuando los cambios son radicales y estratégicos, pues la cosmovisión o cultura general es la del "menor esfuerzo"

Cuestionario de cultura

Así como con las personalidades, el cambio de cultura tiene diferentes dimensiones y "asegunes" que tienes que tomar en cuenta para que puedas evaluar de una manera clara y objetiva a la cultura de tu organización. Aquí te recomendamos que respondas a las siguientes preguntas:

- ¿Existe una oración que clarifique cada Valor de la compañía, de manera que te asegures que todos entiendan exactamente lo que quieres decir con cada Valor?
- ¿Conoces e interiorizas estos valores de corazón?
- Si tú preguntaras esto de memoria a tus colaboradores ¿cuántos de ellos los recordarían?
- Si la respuesta a la pregunta anterior es "muy pocos" entonces: ¿cómo tus colaboradores describirían espontáneamente el carácter o los Valores de la compañía?

- ¿Cómo tus competidores cercanos describen a tu compañía?
- ¿Cómo tus colaboradores que han dejado tu compañía describen a tu compañía?
- Si un cliente fuera a dejar tu compañía: ¿Por qué razones serían?
- ¿Cuáles mediciones de la compañía tú consideras que son absolutamente vitales?
- ¿Qué esfuerzos han tenido un reconocimiento especial?

El test de valor ¿cómo es medido?

La medición de los valores es crucial porque tu cultura afecta todo lo que es estratégico, la única forma en que tú puedes entender tu cultura de una manera precisa es a través de medirla.

Sin una medición objetiva tú solamente estas adivinando y puedes estar adivinando erróneamente. Si no estás midiendo tus valores, entonces ¿cómo los estás cuantificando y administrando?, ¿cómo es que estás recompensando a aquellos que realmente respetan, promueven y realizan esos valores con excelencia? o ¿cómo es que estas haciendo público la baja entrega de esos valores?

Sin mediciones, los valores tienen claramente el riesgo de sonar como paternalistas y tener muy pocas ganancias al tiempo de aplicarlos "nosotros tratamos a la gente justamente", "nosotros excedemos las expectativas de nuestros clientes", "el cliente es primero", "la integridad en todos nuestros tratos", "el cliente siempre tiene la razón", "orientados a resultados", "nosotros nos divertimos", "nosotros innovamos", "responsabilidad individual", y más y más y más.

Sin mediciones, tú puedes estar diciendo una cosa cuando la gente en la práctica hace y observa lo siguiente: Por ejemplo, vamos a tomar un Valor como: "nosotros tratamos a nuestra gente con justicia" (justo otro cliché corporativo) a menos que tú, por supuesto, lo midas ¿cómo? envía una encuesta a la compañía y pregúntale que; de la escala del 1 al 10 te conteste: en una escala del 1 al 10, ¿qué valor le darías al trato que se te da en esta empresa?.

Tú también puedes preguntarles que describan a qué creen que se refieren ustedes con tratarlos justamente y quizás te sorprendas de los resultados, pero lo bueno es que tú vas a estar certero en si este valor realmente está siendo comprendido como tú esperas que lo comprendan o no.

Muchos empresarios, directores de sus mismas compañías simplemente no se les hace una buena idea enviar encuestas a sus operadores o a su fuerza de trabajo, no porque sea una mala idea, si no porque saben que les responderán cosas que no quieren escuchar o, porque les pueden dar respuestas a las cuales ellos no están preparados a escuchar, ya que probablemente sepan que no están haciendo lo correcto o que tienen demasiadas fallas como para poder aplicar estas encuestas a sus colaboradores, si esto no fuera cierto entonces; ¿por qué muchas personas evitan hacer estas encuestas a sus colaboradores? ¿no lo crees?.

Ejemplo en Choco-Rico

Valores:

- "Moral de los colaboradores = servicio al cliente"

- "Lo que sea necesario"
- "Nosotros tratamos a la gente justamente"

Forma de medición

- Encuestas a los clientes que describen cómo nuestros empleados han dado la "milla extra" por ellos.
- Preguntando a nuestros clientes: ¿qué esperas y recibes en términos de servicio al cliente? califícanos en una escala del 1 al 5 donde 5 es lo mejor y el número 1 es lo peor.
- Realiza encuestas a colaboradores y califica la compañía del 1 al 10 si es que te estamos tratando o no te estamos tratando justamente y, además, describe lo que significa tratarte justamente.

Ejemplos de la vida real

Esta lista de ejemplos podrá ayudarte a crear tu propia lista de Valores, no te atengas a lo que leas aquí solamente, sino que trabaja para identificar tus propios valores.

- Plena moral
- Un lugar divertido para trabajar
- Colaboradores y clientes como familia
- Innovador: arriesgar, fracasar y aprender
- Hacerlo bien la primera vez
- El cliente esta correcto incluso cuando está equivocado
- Integridad en todos los tratos
- Nosotros nos preocupamos por los problemas de nuestros clientes
- Rendición de cuentas personales, sin quejas y lamentos

- Un plan de carrera para cada colaborador
- Escuchar primero, ver primero que entender
- Relaciones de ganar - ganar
- Celebrar los logros
- Todos para uno y uno para todos
- Trabajo en equipo, juntos podemos hacerlo
- Desarrollar gente para que tenga mayores competencias
- Exceder las expectativas del cliente
- Lo que sea, lo que tome, pero ¡acabamos el trabajo!
- Nosotros somos apasionados, amamos lo que hacemos
- Estudio emprendedor
- Lo hacemos bien y a la primera
- Competencia externa, no interna
- Decimos la verdad, no somos deshonestos
- Respeto mutuo
- Mejora personal sin fin
- Cero defectos

Ejercicio

Con lo que hemos compartido al respecto de los Valores, identifica los valores de tu organización y clarifica a qué te refieres exactamente con cada valor. Puedes consultar las información que previamente hemos compartido para ti.

Puedes también hacer varios ejemplos con la intención de que selecciones aquellos que más te hagan sentido y vaya más con tus ideales y creencias. Recuerda: los valores son la más clara demostración de lo que sucede en el día a día en tu organización además de aquellos que deseas alcanzar.

PASO 2
SITUACION

EL PROBLEMA

Al identificar bien el problema tienes más del 50% de probabilidades de encontrar acertadamente la solución

"Los problemas significativos que nosotros enfrentamos no pueden ser resueltos en el mismo nivel de pensamiento que estaban cuando los creamos"

Albert Einstein.

En este paso es donde tú identificas el Problema Estratégico, una vez que has definido el problema, el siguiente paso es construir un plan estratégico que posibilite la mejor solución al problema. Recuerda: Siempre podrá haber decenas o cientos de problemas dentro de tu organización dependiendo de su tamaño, pero también, siempre habrá sólo un Problema Estratégico que es el que tienen qué identificar y que es el que está frenando mayormente el desempeño adecuado de tu organización.

¿Pero qué problema?

Tú podrías decir: "No existe ningún problema o amenaza concerniente a las oportunidades que enfrenta la organización", sin embargo, si existe una reducción en el tiempo, la energía y recursos para lidiar con ellos, entonces tienes qué reflexionar respecto a la identificación de obstáculos estratégicos dentro de la empresa.

¿Qué problemas enfrentas?, como dice el dicho: "si tú no sabes a dónde vas, entonces cualquier camino es bueno" y si este es tu caso entonces cualquier problema no lo podrás identificar como un área de oportunidad y permanecerás exactamente donde estás, exactamente en el lugar o posición que no te ha permitido crecer, ni a ti como persona ni a tu empresa como proveedora de bienes o servicios.

La anatomía de una decisión

El éxito de la compañía depende de la suma total de las decisiones que se están haciendo dentro de la compañía, el éxito depende las medidas que se usan de manera efectiva en el capital finito, en los activos, en el tiempo y el conocimiento para obtener el máximo beneficio o efecto posible en el menor tiempo.

Los problemas estratégicos impactan en la organización, en su futuro y pueden ser oportunidades u obstáculos. Así como Stephen Covey en su libro los 7 hábitos de la gente altamente efectiva dice *"tú estás perfectamente alineado a los resultados que estás teniendo"*, en consecuencia, las ideas de los problemas estratégicos pueden estar impactando en los

En las organizaciones el impacto final debe ser medido económicamente, pues sin dinero la organización muere

resultados de las operaciones actuales, o quizá, tú has observado que algunas funciones rutinarias se desempeñan pobremente y necesitas arreglarlas de inmediato para que no se sigan presentando o repitiendo.

Algunas de los problemas estratégicos pueden brincarte en diferentes lugares y normalmente éstas tienen múltiples problemas con los cuales tienes que lidiar. Algunos contratiempos serán mucho más evidentes y algunos otros posiblemente se encuentren "enmascarados", pero recuerda: Siempre hay una Causa Raíz que está ocasionando un sinnúmero de problemas.

Tu trabajo es identificar un problema estratégico clave, este problema estratégico clave, tienen la característica de ser el de mayor riesgo y donde se dispara el mayor egreso en la cartera de la organización y para eso, puedes hacerte las siguientes preguntas:

- Si yo fuera un competidor: ¿cómo podría mejorar el producto o servicio que ofrezco para poder ser más competitivo?
- ¿Qué cambios harían obsoleto el producto o servicio de mi compañia?
- Si un buen cliente decidiera cambiar de proveedor ¿Cuál razón sería por la que se fuera?
- ¿Qué tendría que pasar para que yo perdiera ciertos elementos claves?
- ¿Qué podría pasar si yo repentinamente enfermara y no pudiera atender la dirección?
- Si tuviera una varita mágica y pudiera cambiar algo en mi organización ¿Qué sería?
- ¿Cómo estoy soportando a la compañía sobre mi espalda?
- ¿Dónde es más vulnerable mi compañía?

Pistas para identificar los problemas

A continuación te daremos varias "pistas", a manera de propuestas para que más fácilmente puedas identificar los problemas estratégicos de tu organización. Recuerda que no debes de limitarte a esto, sino que éstas son (propuestas guías) para ayudarte en la identificación, con mayor claridad de los obstáculos que detienen el avance progresivo de tu trabajo. Hemos dejado algunas líneas en blanco para que puedas ir agregando tus ideas al respecto.

Pistas Financieras

- Uso inadecuado del efectivo o del dinero.
- Cuentas sin cobrar demasiado antiguas.
- Estados financieros inadecuados, poco entendibles o muy tardíos
- Gastos fuera de control.
- Incertidumbre en el capital.
- Fuentes de capital inadecuadas.
- Empleados inexpertos del efecto del dinero.
- Empleados insensibles respecto de los costos relacionados.
- Falta de rentabilidad
- (En las líneas de abajo coloca otras Pistas que puede haber en tu organización en particular)
- _____
- _____
- _____
-

Pistas por parte del Cliente

- Investigación de mercado inadecuada, no actualizada o no realizada.
- Análisis de competitividad no ejecutados, analizados y evaluados de forma correcta
- Expectativas de los clientes no medidas
- Retroalimentación regular de los clientes no disponible
- Expectativas o requerimientos de los clientes no cumplidas
- Pobre servicio al cliente
- Productos o servicios ofrecidos demasiados limitados
- Dependencia en muy pocos clientes
- No cumplimos lo que prometemos
- Posición inadecuada del mercado con relación a nuestros competidores
- Problemas de precios
- Debilidad en el mercadeo
- Fuerza de venta muy poco productiva
- Tenemos productos o servicios que no son atractivos o poco actuales
- Lenta respuesta a los pedidos de los clientes
- No tenemos un Sistema de Relación con los Clientes o CRM (Customer Relationship Management)
- (En las líneas de abajo coloca otras Pistas que puede haber en tu organización en particular)
- _____
- _____
- _____

Pistas por parte de las Personas

- La contratación de personas es reactiva en lugar de ser proactiva.
- NO contratamos para el futuro
- El desempeño de las personas no es medido
- Las evoluciones de los desempeños no son adecuadas o las esperadas
- Somos muy lentos para reemplazar a la gente incompetente
- Los empleados no tienen identificada una perspectiva para su carrera
- Los sistemas de compensaciones no son adecuados
- No existen cursos de adiestramiento del personal
- La moral de los colaboradores no es rastreada o identificada
- El estrés es demasiado alto
- Los empleados tardan mucho en entender y dominar sus puestos
- Se generan demasiados errores a causa de la incompetencia de los empleados. (En las líneas de abajo coloca otras Pistas que puede haber en tu organización en particular)
- _____
- _____
- _____

Pistas de la Manufactura o Servicio

- Los proveedores no son adecuados
- No se mide el desempeño de los proveedores
- Los proveedores no son considerados como socios de colaboración

- Las instalaciones no son las adecuadas para la ágil operación de los proveedores
- Hay muy poca investigación y desarrollo de nuevos productos y servicios
- Los sistemas no se siguen por parte de los colaboradores
- Hay demasiado desperdicio
- Hay un manejo inapropiado del inventario
- El control de calidad es débil o deficiente
- La administración no está en el estado que los necesitamos
- Los procedimientos son demasiado burocráticos
- (En las líneas de abajo coloca otras Pistas que puede haber en tu organización en particular)
- _____
- _____
- _____

Choco-Rico

Choco-Rico vende sólo chocolates en barra de la mejor calidad, nuestro mercado es muy limitado y por lo tanto no estamos creciendo.

Nosotros tenemos datos de nuestros clientes; que nuestros chocolates son muy buenos, también tenemos datos que muestran que nuestras entregas son con el 99.6% de exactitud y que la utilidad es la esperada por la Dirección General, pero nuestras ventas están actualmente demasiado concentradas en muy pocos clientes, así que nuestro problema es un asunto de diversificación

Problema: Diversificación.

Ejemplos de la vida real

Esta lista de ejemplos podrá ayudarte a crear tu propia relación de Problemas Estratégicos, no te atengas a lo que ves aquí solamente, sino que trabaja para identificar tus propios problemas.

- No hemos podido crear clientes de por vida
- Expandir el enfoque del negocio
- Reducir la dependencia de clientes dominantes
- Restablecer las relaciones con clientes que no son rentables
- Penetrar en un mercado antiguo
- 50% de ventas vía internet en tres años
- Hacer más eficiente a la organización y reducir el número de reportes
- Reclutar y retener a colaboradores triple A
- Procesar los trámites en menos de quince minutos
- Recibir una oferta de compra en menos de tres años
- Que la compañía dependa menos de mi
- Convertirse en el productor de menor costo
- Computarizar las funciones de servicio al cliente
- Un plan de crecimiento después de la fusión
- Establecer unas funciones dinámicas de ventas y marketing
- Realizar una exposición internacional
- No depender de las ventas por temporada
- Instalar un sistema de pago por desempeño
- Ser menos orientado hacia el papel y más a sistemas

- Incrementar penetración actual de mercado

Ejercicio

Con lo que hemos compartido hasta el momento, identifica los tres Problemas Estratégicos principales de tu organización y clarifica a qué te refieres exactamente con cada uno de ellos. Puedes consultar las información que previamente hemos compartido para ti.

Puedes también hacer varios ejemplos con la intensión de que selecciones aquellos que más te hagan sentido y tengan un mayor retorno económico. Recuerda que en las organizaciones el impacto final debe ser medido económicamente, pues sin dinero la organización muere.

SUPUESTOS ESTRATÉGICOS

Los Supuestos son las creencias limitantes que están rigiendo la gran mayoría de nuestras decisiones.

"Lo que un hombre cree, pudiera ser incierto, no desde lo que él ve, pero si desde los supuestos en que habitualmente él actúa"

George Bernard Shaw.

Cada plan estratégico está fundado en una serie de supuestos, esto es, aquellas cosas que uno cree que son verdad. Cada decisión que tú haces y cada acción que tú tomas son fundamentadas en hipótesis como por ejemplo:

- "La situación en general dicen que está muy mala"
- "Se ve que no es una buena época para invertir"
- "A la mayoría les está pasando lo mismo"
- "Esto no es nuevo, ya nos había pasado antes"
- "Ya sabes, cada temporada es lo mismo"
- "Ese es un problema común"
- "Yo creo que no se puede"
- "Ya lo hemos intentado en el pasado"
- "Esta difícil"

- "No pues quien sabe como se le podría hacer"
- "Normalmente esas decisiones las toma el corporativo"
- "Las cosas seguirán empeorando"
- "A los compradores lo único que les interesa es…"
- "Nuestros competidores seguirán penetrando más mercado"

Una fórmula maravillosa que hemos notado innumerables veces que funciona para solucionar problemas a pesar de los supuestos es plantearse interrogantes de manera propositiva como las siguientes:

- La situación que yo veo es…
- Si nada se hace para resolver el problema entonces...
- Si algo se hace entonces para resolver este problema...
- ¿Entonces qué necesita hacerse?

Veamos cómo se aplica esta fórmula en un caso hipotético:

- La situación que yo veo es:
- "Que a la mayoría les está pasando lo mismo con la mala entrega de los proveedores"
-
- Si nada está hecho para resolver el problema entonces:
- Seguiremos teniendo poco abasto de materiales
- Seguiremos pagando horas extras porque el material llega a destiempo y de manera intermitente
- Seguiremos perdiendo dinero
- Seguiremos quedando mal con los clientes
-
- Si algo se hace entonces para resolver este problema:

- El material llegará a tiempo
- No tendremos problemas de calidad
- No pagaremos más horas extras
- Tendremos mayores utilidades
- Quedaremos bien con los clientes
- Los clientes confiarán en nosotros
- ¿Entonces qué necesita hacerse?
- Valorar si el proveedores puede abastecernos como lo requerimos
- Desarrollar a nuevos proveedores que siempre cumplan lo que prometen

Las decisiones estratégicas tienen el potencial de consumir una gran porción de los recursos de la compañía, si se consume una gran cantidad de recursos entonces no se contará con éstos para ser aplicados en donde la compañía genera dinero y por esto necesitan un pensamiento cuidadoso.

El poder de los supuestos

Los supuestos e ideas plasmados razonablemente en una hoja de papel, pueden convertir esa pieza de papel en una directiva de por vida.

La declaración de Independencia de los Estados Unidos empezó con los supuestos de que la gente pudiera estar libre para crear su propio destino.

Una pieza de papel famosa estratégicamente energizada a una nación para poder poner su propia sangre, sudor y lágrimas y convertir unos supuestos en realidad en 1736 y hasta nuestros días sigue siendo innegable en Estados Unidos y en cientos de países en el mundo entero.

Es por esto que los Propósitos Estratégicos (Misión, Visión y Valores) se encuentran no solamente en la mente de los dueños o directivos de las compañías, sino escritos en papel, y que además sean perfectamente claros y entendibles para todos y cada uno de los empleados de la compañía.

Los supuestos declaran tus razones para finalizar lo que estas iniciando sin importar los obstáculos o la cantidad de tiempo o recursos que esto conlleve.

Los supuestos representan el inicio de la estrategia y el poder que brindan a los autores de traer a la superficie sus verdaderas intenciones, los supuestos dicen el mejor y el peor escenario con el que se enfrenta un particular problema o oportunidad, El mejor escenario, inevitablemente sugiere una consecuencia superior, si el problema en cuestión es resuelto, comparado con el peor escenario donde se presenta una consecuencia desagradable en caso de que este suceda y que nada sea revisado.

Ilumina los supuestos

Cuando los supuestos se declaran a favor de un problema estratégico, un debate acalorado se inicia en contra el problema, entonces el calor y corazón del debate se visualizan o se establecen para cambiar ese problema y hacerlo, es algo que para la organización es positivo.

La actividad estratégica siempre será un trabajo extra y demanda que los recursos disponibles sean divididos o sean reasignados hacia nuevas prioridades .

Hay ocasiones que algunos oponentes a esta actividad se agitan y se ponen a trabajar en contra de lo que la gran mayoría quiere; que es un futuro mejor para la compañía. Esto puede ser considerado normal, pues cada quien trata de "proteger" su porción, departamento o área de trabajo, sin embargo, es labor de la Dirección General el dejar claro que no se está buscando el bien "local", sino el "mayor bien general", por lo que las mejores ideas no deberán de ser detenidas por aquella porción incómoda que se declare en contra.

Monetiza tu problema estratégico

Una vez que ya hayas declarado y debatido los supuestos acerca de lo que pasaría si el problema es resuelto y también no resuelto, entonces tú debes calcular el impacto económico que implica resolver o no este problema dentro de la organización.

Ninguna organización, ya sea económica o no, sobrevive sin dinero, así que nosotros queremos que monetices o califiques el impacto financiero que este problema estratégico va a tener en tu organización

Ninguna organización sobrevive sin dinero, así que nosotros queremos que monetices o califiques el impacto financiero que este problema estratégico va a tener en tu organización en términos de contribución de utilidades acumuladas sobre un periodo de tres años. Por ejemplo, si resolver un problema estratégico te va a agregar 100,000 dólares de ventas cada año, entonces multiplícalo por tres para tener una contribución total de 300,000 dólares en total.

Identificando el impacto futuro económico racionalizas mejor el retorno financiero para atender un problema estratégico, y entonces todas las personas tienen en mente lo que el impacto verdaderamente va a lograr en la organización y para la salud del negocio.

Ama, honra y obedece a tu problema

En este paso es donde tú debes de amar, honrar y obedecer tu problema estratégico, lo debes de hacer desde tu posición de líder y lo deben de hacer cada uno de tus colaboradores. Todos dentro de la organización deberán de estar 100% consientes de cuál es el problema estratégico, de los efectos positivos y negativos y del impacto de éste en la vida de la compañía y, por consecuencia, en las consecuencias económicas para todos los integrantes.

Todas las acciones dentro de la compañía se subordinan a solucionar el problema estratégico.

Tú debes de estar consciente de que el futuro probablemente dependa totalmente de resolver este problema estratégico, por lo tanto, si tú fallas en encontrar la respuesta a este problema estratégico, lo más probables es que tu futuro se vea amenazado. Es por esto que tú debes de identificar perfectamente cuál es tu problema estratégico, también si tú fallas en encontrar el problema estratégico pues tus supuestos van a estar totalmente erróneos y eso no le conviene a la compañía.

Los supuestos ponen o crean mucho músculo dentro de la convicción de defender tu problema en contra del ataque y tenlo por seguro que tú vas a ser atacado y también tienes que resistir, esta es la naturaleza de la bestia, así que cuando tu gente diga *"jefe, ¿no estamos lo suficientemente ocupados tratando de lidiar con este zoológico como para que ahora nos enfrentemos a otra cosa más con esto de la estrategia?"* entonces tú vas a contestar *"bueno, si no lo hacemos..._____, por otro lado si lo hacemos..._____ _____ y mira esto es lo que obtendremos... _____".*

Una excelente aplicación del caso que te acabamos de compartir es el siguiente: "bueno, si no solucionamos nuestro problema estratégico entonces seguiremos quedando mal y no creceremos como empresa, por otro lado, si lo hacemos, podremos tener utilidades, pagar nuestras deudas y tener una expansión del negocio y esto es lo que obtendremos: podrás conservar tu trabajo, seguirás pagando tu casa, podrás darle a tu familia sustento y ayudar a tus hijos a tener una mejor carrera profesional".

Los supuestos declaran tus razones para finalizar lo que estas iniciando sin importar los obstáculos o la cantidad de tiempo o recursos que esto conlleve.

Choco-Rico

Si el problema estratégico que es "diversificación" en realidad no lo es, entonces nosotros vamos a continuar reduciendo nuestras utilidades y los despidos empezarán a hacerse más abundantes dentro de nuestros trabajadores y por lo que quedaremos fuera del negocio dentro de los cinco años siguientes.

Por otro lado, si nuestro problema estratégico que es "diversificación" es correcto, entonces nuestras utilidades van a crecer y posiblemente nosotros podamos crear más trabajo dentro de los próximos tres años y tener una mayor expansión, nosotros estimamos un beneficio acumulativo adicional alrededor de los tres millones de dólares durante los tres siguientes años

Problema: Diversificación.

Supuestos en caso de no resolverse:

- Bajan las utilidades
- Se bajan los empleos
- Se vende o se cierra tres años

Supuestos en caso de resolverse:

- Tenemos una mejor compañía
- Creamos nuevos ingresos y carreras
- Tenemos una propuesta de compra de tres años
- Diferencia; más tres millones de dólares en tres años

Ejercicio

Con lo que hemos compartido hasta el momento, realiza un ejercicio similar al que hizo Choco-Rico donde en un párrafo hagas el resumen del Problema Estratégico y también pongas en viñetas lo que pasaría en caso de resolverse y en caso de no resolverse.

Puedes también hacer varios ejemplos con la intención de que selecciones aquellos que más te hagan sentido y tengan un mayor retorno económico. Recuerda que en las organizaciones el impacto final debe ser medido económicamente, pues sin dinero la organización muere.

BENEFICIO PARA EL CLIENTE

Piensa dos veces antes de caer en la trampa del viejo dicho: "el cliente no siempre tiene la razón", porque te podrás quedar sin negocio.

> *"El empleador no es realmente el empleador. El empleador es quien administra el pago de los gastos, los empleadores sólo manejan el dinero. Es el cliente quien paga los gastos, es el cliente quien da el dinero a la organización"*
>
> —Henry Ford

Debes de recordar que hemos dicho que debe haber tres grandes ganadores en todo plan estratégico:

- *El ganador número 1 debe ser cliente de la compañía:* la fuente de todas las utilidades, ellos deben de estar disponibles para traducir la visión en beneficio para ellos. Si ellos no lo ven así, ellos no estarán comprando y recomprando porque no tendrán un beneficio financiero.
- *El ganador número 2 es el autor del plan y el campeón:* de otra manera él o ella tendrán una falta de motivación y le vendrán muchas frustraciones por no haber logrado simplemente el plan, y

- *El ganador número 3 incluye a otras personas* que necesitas para que compren el plan y que ayudan a implementar el plan, es decir, otros beneficiarios además de la persona que realiza el plan y de los clientes.

Los clientes, tú no puedes vivir sin ellos

Desafortunadamente ellos pueden vivir sin ti, pero bajo ninguna forma tú podrás vivir sin ellos.

Es común que se pregunte a directores y gerentes que definan en pocas palabras su negocio, invariablemente ellos contestan equivocadamente

Los clientes definen tu negocio y no tú, porque tus intereses no son importantes para los clientes, sino los intereses que debes de cumplir son los intereses de ellos que, al fin de cuentas, son los que proveen de recursos a tu negocio.

Los clientes validan tu visión al invertir en ella, pero sólo te dan el beneficio de seguir contigo si es que tu visión, tu producto, tu calidad y tus condiciones están de acuerdo a donde ellos quieren invertir

Los clientes validan tu visión al invertir en ella, pero sólo te dan el beneficio de seguir contigo si es que tu visión, tu producto, tu calidad y tus condiciones están de acuerdo a donde ellos quieren invertir; el secreto más simple dentro del secreto del mercado es que tú puedes hacer a tus clientes más exitosos y agregarles valor a tus productos o servicios que se traduce en un mayor valor al cliente, eso es lo único que hay que decir y hacer, ese es el fino secreto del éxito.

En las palabras de Peter Drucker: "Los clientes sólo pagan por aquello que a ellos les da valor".

El secreto de cualquier plan estratégico es generar salidas y resultados que además de enriquecer a tu compañía hagan enriquecer a tu cliente de manera inminente.

Tú no tienes alternativa, como lo hemos dicho antes: tú no haces dinero, los clientes te proveen del dinero, ellos alimentan económicamente tu visión pero solamente si ellos tienen un claro y adecuado retorno de inversión es que van a invertir su dinero en tu compañía, si no tienes clientes motivados que soporten este plan con su dinero entonces tu plan prácticamente ya está en banca rota.

No es acerca de ti

Imagina por un momento si un empleado fuera a decir: "mi razón de existir es de hacerte a ti y a tu compañía exitosos y voy hacer todo lo necesario que está en mi poder y en mi para lograrlo", ¿tú crees que esto pueda impulsar a tu compañía? ¿Sí o No?, ¡pues claro que sí estarías contentísimo!, estarías feliz, estarías brincando, estarías inclusive viendo cómo conseguir más personas como esas y, primero que nada, estarías buscando la forma de que este colaborador fuera el más feliz del mundo con la finalidad de que siguiera contribuyendo con ese ánimo y esa motivación beneficiosa para ambos.

Ahora imagínate diciéndole a un cliente: "mi razón de existir y todo los recursos que yo controlo están dedicados para hacerte exitoso y voy a hacer todo los necesario que está en mi poder lograrlo" ¿tú crees que eso daría una buena impresión a tu cliente? ¿Sí o No? pues claro que sí y lo mismo tendrías a todos los clientes diciendo ¡por dios, cuando empiezas! y ese cliente estaría muy contento buscando la manera en cómo darte más negocio porque él sabe exactamente lo que va esperar de ti.

Entiende las definiciones de tus clientes

El primer paso en hacer a tu cliente exitoso es descubrir cómo es que ellos definen el éxito (no cómo lo defines tú, ¡sino ellos!).

Prepárate para responder a cada una de las siguientes preguntas con la información que tengas en el momento:

¿Cómo mis clientes hacen y pierden dinero y cómo nosotros contribuimos en ambos lados de la ecuación?

- _____
- _____
- _____
- _____
- _____
- _____
- _____
- _____

¿Qué aspecto de la vida de mi cliente es mejorado por mi producto o servicio?

- _____
- _____
- _____

- _____

¿Cómo los resultados que yo obtengo a causa de una buena ejecución de mi plan estratégico contribuyen al éxito de mi cliente?

- _____
- _____
- _____
- _____

Con esta información tú puedes obtener grandes datos al respecto de cómo es que puedes apoyar a tu cliente a que sea más exitoso. Recuerda, esto es lo más importante de toda compañía porque los clientes son aquellos que proveen de dinero a la misma.

Choco-Rico

Nuestros nuevos productos van a proveer a nuestros clientes con soluciones para que ellos puedan, a su vez, crear nuevos y mejores productos para sus clientes esperando aumentar sus ventas en un 7% pero con un margen del 60% por encima de lo que tienen actualmente, así nosotros produciremos 30% más ventas y aumentaremos la satisfacción de nuestros clientes por muy encima de nuestro competidor más cercano.

Problema: Diversificación.

Beneficios para el cliente:

- Aumento de un 7% de ventas
- Aumento de sus utilidades en un 60% en las líneas que usan nuestros nuevos productos.

Beneficios para el Choco-Rico:

- Aumento de un 30% de ventas
- Aumento de la satisfacción de nuestros clientes.

Ejemplos de la vida real

A continuación te compartimos ejemplos para que puedas ampliar tu contexto y tener más elementos para identificar acciones que puedes llevar a cabo en tu compañía y que además buscan beneficiar directamente a tus clientes

- Reclutar a candidatos "triple A" 100% enfocados a productividad personal
- Incrementar una eficiencia en nuestros costos de al menos 20% a través de dar nuestros servicio en outsourcing
- Ordenes por internet enviadas el mismo día en un 90% de los casos
- 25% reducción de costo, un día de entrega, garantía total, produciendo ingresos en menos de 48 horas
- Nuestro diseño va a mejorar las ventas entre un 10 y 15%
- Una vez entrenados seremos capaces de generar 5 veces más utilidades de lo que ganamos actualmente
- Entregar en 48 horas o menos
- Los clientes obtienen 5 veces el ROI en nuestro servicio.
- Servicio excelente nos va a ahorrar un 25% sobre los gastos de nuestros clientes

- Tener disponibles los montacargas nos ahorran 8,500 dólares al día en tiempos muertos
- Nuestros sistemas reducen el tiempo muerto en un 25%
- El costo total de la pruebas de semiconductores se reducirán en un 5 a 10%
- El time-to-market se reducirá en 6 meses, dándole al cliente un valor de 1 a 3 millones de dólares en la integración de nuevos productos
- Retorno de la inversión en menos de 3 meses
- Procesamiento de órdenes de compra por internet viene hacia un 90% con 30% de ahorro internos
- Sin sorpresas desagradables por nuestra culpa, significa que el cliente ahorra el costo de una persona por semana
- 50% en ahorros en cambio de órdenes, 10% de ahorros en costos de construcción, 10 a 15% de ahorros en las contingencias
- Incrementar la rapidez de entrega de autos en un 25%
- 50% de utilidad incrementada en membresías
- Educar al cliente nos ahorra un 5% en los costos de ingeniería de proyectos
- 100% de entregas a tiempo ahorran a nuestro cliente 1% del costo de construcción total
- La duración del proyecto total reducida en un 50%, esto para garantizar la capacidad del producto para darle al cliente 25 mil dólares por año

Ejercicio

Con lo que hemos compartido hasta el momento, realiza un ejercicio similar al que hizo Choco-Rico donde en un párrafo hagas el resumen del beneficio para tus clientes y también pongas en viñetas el beneficio para tus clientes y el beneficio para ti.

Puedes también hacer varios ejemplos con la intensión de que selecciones aquellos que más te hagan sentido y tengan un mayor retorno económico. Recuerda que en las organizaciones el impacto final debe ser medido económicamente, pues sin dinero la organización muere.

OTROS BENEFICIARIOS

El beneficiario principal debe ser tu cliente, pero siempre existen otros beneficiarios que debes de tomar en cuenta.

"Haz a los otros como si tú fueras los otros"

—Anónimo

A menos que los beneficios de tu iniciativa estratégica se vuelvan obvios y claros para todos tú debes de "vender" este plan estratégico a tu gente o debes de lograr que ellos estén totalmente convencidos con este.

Tus colaboradores deben de "comprar", o bien, deben de "hacer suyo o comprometerse" con este plan porque si ellos no lo hacen

> *Si los colaboradores no se comprometen con tu Plan, entonces éste nunca podrá ser implementado de una manera exitosa, y fracasará, y tú también lo harás junto con ellos.*

entonces nunca, tu plan, podrá ser implementado, ya que normalmente el que genera el plan es la persona donde no caen todas las responsabilidades del plan, sino que cae en las personas que deben realizar todas las actividades para lograr este plan.

155

Si no logras esto, el plan permanecerá en papel y será todo un sueño, alguna gente lo comprará de manera temprana, alguna gente la comprará tarde, algunos de ellos quizá nunca lo hagan y bueno, sabes, esto no importa, porque pues así es la vida. Tú debes de seguir andando y luchando porque cada una y, te repito, cada una de las personas consiga este plan y se comprometa enteramente a seguirlo y a hacer todo lo necesario para que el plan se convierta en realidad.

Sintonizando la estación: WII-FM

Como quiera que sea tu visión, ya sea excitante o maravillosa, tú no puedes suspender las leyes de la economía, las cuales en tu caso significan que debes de tener unos costos bajos, tener a tus clientes contentos y evitar deudas que sean impagables.

Debes de tener unos costos bajos, tener a tus clientes siempre muy contentos y evitar deudas que sean impagables en el corto plazo

Así que por favor repite conmigo una y otra vez: "la actividad estratégica siempre está por encima de cualquier actividad cotidiana que tengamos en nuestra compañía".

Como hemos dicho previamente, los resultados visionarios típicamente demandan un nivel de desempeño que normalmente no se tiene en tu gente, ni dentro de ti inclusive, por esto es que tú debes de pensar en diferentes e innovadoras maneras, en pensamiento inventivo, ya que tú no puedes sentarte a relajar y esperar que los resultados de compañía simplemente "se den por sí solos haciendo lo que normalmente haces en el día a día". Bien, tú debes tener motivada a tu fuerza de trabajo para que esta pueda trabajar siempre bien, este siempre altamente motivada, se encuentre perfectamente capacitada y certificada en sus labores y su trabajo sea más arduo , más inteligente y más productivo.

Ya que tú vas a estar pidiendo constantemente a tu gente que "vaya un poco más arriba" y con un poco más de fuerza sobre sus tareas cotidianas, tú debes de darles un incentivo extra para motivarlos en ese trabajo extra a favor de sus mejores interés.

Así como tus clientes, tus colaboradores también son sintonizados en la estación de radio favorita WII-FM que se entiende en inglés "What´s In It For Me," es decir "que hay ahí para mí".

El ABC de la Psicología nos dice: "la gente esta primeramente motivada por sus intereses propios"...¡sorpresa, sorpresa!, debes entender que ellos primero tienen sus propios intereses personales, familiares y sociales antes que "tus" intereses o los de tu compañía, la magia se da cuando tú comprendes esto a la perfección, porque entonces podrás hablar en términos de: *"Si logramos esto por nuestra compañía entonces ustedes podrán ser capaces de cumplir sus intereses propios como lo puede ser tener una mejor casa o auto, darles una mejor educación a sus hijos, etc..."*

Una parte fundamental es poder clarificar de manera absoluta lo que cada uno de los miembros de tu compañía va a obtener si es que se logran los resultados esperados del Plan.

Si no logras comprender que las personas tienen sus propios intereses que anteponen a los intereses de la compañía fracasarás, por otro lado, si logras tener la maestría en entender esto a la perfección y en hablarles a tu personal en términos de "Qué hay ahí para ellos" entonces ellos verán que ganarán algo que va de acuerdo a sus intereses propios y te apoyarán y el plan será todo un éxito.

Tú debes de entender, de una buena vez, que entender un plan estratégico es lo más fácil que puede haber, ya que si las personas que trabajan en tu compañía sea la persona que tú crees o es tu mano derecha, o la última persona que te va a echar la mano, cualquier persona dentro de la compañía puede fácilmente sabotear un plan estratégico si es que ellos no están completamente motivados a seguirlo, si es que ellos no ven que hay algo para ellos al momento de que se logren cada una de las actividades y, sobre todo, de los resultados que esperas de tu plan estratégico. Es por esto que una parte fundamental es poder clarificar, de manera absoluta, lo que cada uno de los miembros de tu compañía va a obtener si es que se logran estos resultados.

¿Quiénes entran en Otros beneficiarios?

Aquí deseamos que seas abierto en el pensar quienes pueden entrar en "otros beneficiarios", pero sin duda podemos iniciar con los siguientes actores:

- Los Colaboradores, quienes gracias a ellos se transforma lo que el Cliente compra o adquiere de la organización.
- Los Proveedores, quienes son una "extensión" de la organización y sin los cuales no se le podría entregar nada al Cliente.
- El Sindicato, quien vela por la justicia y equidad del trato a los colaboradores que están normalmente más de cerca con la "transformación" del producto o del servicio.

- La Sociedad, quien entrega a los colaboradores y clientes y además es quien recibe los efectos de la productividad laboral.

Choco-Rico

En Choco-Rico entendemos que existen otros beneficiarios del logro de cada uno de los resultados de nuestro plan estratégico:

- **Colaboradores:** ellos estarán motivados en apoyar la diversificación de la compañía porque podrán generarse nuevos y mejores posibilidades de trabajos y de puestos y con esto mejorar sus carreras y las oportunidades de ingreso. Para calificar, los colaboradores deben agregar al menos una nueva habilidad dentro de su tablero de competencias en un lapso de los 18 meses y, además, lograr incremento en su desempeño por arriba de un 10%. Si es que esto sucede, todos obtendrán un bono por un 100% de su salario para entrenamiento fuera de la compañía.
- **Propietarios:** ellos proveerán de un esfuerzo extra para la diversificación ya que a ellos les motiva el retorno sobre su inversión. Para calificar, la compañía va a incrementar su valor en un 50% en los próximos tres años y los propietarios verán reflejado el retorno de su inversión en un 50%.
- **Vendedores:** saben que si ellos no ayudan en el esfuerzo de diversificación nuestra compañía puede irse a la quiebra, así que ellos estarán solidarizándose con nosotros en buscar las oportunidades para la diversificación. Para calificar, los vendedores van a

incrementar el volumen de negocios que ellos hacen con nosotros en promedio un 35% por año aumentando un 50% los márgenes más altos.

- **El sindicato:** va a ayudar porque una diversificación exitosas significa más miembros y más beneficios y, por lo tanto, más ingreso para el sindicato. Para calificar, la membresía del sindicato se va a ampliar en un 40% durante los próximos dos años y los beneficios aumentarán en un 25%.

Ejemplos aplicables en la vida real

- Colaboradores
- Aprenden una nueva tecnología: cada colaborador va a ser entrenado en al menos una pieza del nuevo equipo y además en el proceso anterior y en el proceso posterior.
- Aumento en su carrera: un plan de carrera será desarrollado para cada empleado con un mínimo de aprendizaje de una nueva competencia agregada por año.
- Aumento potencial en sus ingresos: se establecerán metas de ingreso para cada empleado así como el desempeño requerido para que puedan lograr ese ingreso.
- Empleo y crecimiento: nosotros vamos a instituir un plan de ahorros para nuestros colaboradores que, inclusive, puedan acceder a la compra de acciones de la compañía.
- Implementar un plan de compensaciones de paga por habilidades: 50% de compensación se generará ahora como incentivo en base a resultados que los colaboradores estén logrando.
- Más orgullo en su trabajo, mayor diversión y un trabajo más disputable: la moral será incrementada en un 100% y

no existirán personas que estén por debajo del desempeño requerido.

- Mejorar la calidad de vida y reducir el estrés: La gente podrá trabajar desde su casa y esto será instituido para un 20% de la fuerza de trabajo.

- Reducir tiempos extras y crear más tiempo para familias: reducir a cero el tiempo extra durante los próximos 18 meses.

- Propietarios
- Eliminar el estrés y la presión: agregaremos una nueva forma de trabajo que nos permita evitar las horas extras y no llevarnos trabajo a casa.

- Proveedores
- Oportunidades de ingresos adicionales: aumento en los ingresos en un 33% dentro de los próximos dos años.

- Estabilizar el ingreso: no estar por fuera del 10% del presupuesto planeado de ventas dentro de los próximos doce meses.

- Traer a nuevos socios: dos nuevas sillas están disponibles en la mesa de directores para personas que nos puedan apoyar en tomar mejores decisiones.

- Sindicato
- Disminuir los despidos por temporada y tener trabajadores felices: garantizar un mínimo de días de descanso negociando una reducción en los gastos por estos días para el sindicato y realizar encuestas para ver la satisfacción de los trabajadores.

- Implementar un sistema de retribución en base a ganancias: establecer con el sindicato un acuerdo de estándares de desempeño que, cuando sea excedido, los empleados reciban un 20% de la ganancia de esa mejora.

- Contribuir como asociados al éxito y competitividad: que estén 100% conscientes del costo de operación y utilidades para que ellos puedan comprender las implicaciones que la compañía está teniendo.

- Actuar como miembros de equipo no como adversarios: desarrollar metas de equipo e incentivos para alcanzar la colaboración y desarrollo grupal.

- Reforzar las habilidades y completar el plan de carrera: establecer un plan en donde ellos puedan observar su plan de carrera y con esto tener una mejor participación para su ingreso.

Ejercicio

Con lo que hemos compartido hasta el momento, realiza un ejercicio similar al que hizo Choco-Rico donde en un párrafo hagas el resumen del beneficio para tus Otros Beneficiarios, donde escribas en viñetas el bien que van a recibir los diferentes beneficiarios de tu Plan Estratégico.

Puedes también hacer varios ejemplos con la intención de que selecciones aquellos que más te hagan sentido y tengan un mayor retorno económico.

Ana Godínez / Gustavo Hernández

OBSTÁCULOS

Toda la vida vas a encontrar obstáculos, la diferencia está en que los ganadores los ven como un reto y los perdedores los ven como un grillete.

"Aquel que gana fortaleza a través de sobrepasar los obstáculos posee la única fortaleza que puede superar cualquier adversidad"

—*Albert Scweitzer*

Imagínate cada obstáculo, reto o barrera como un bloque, como una pared de cemento que dificulta tu camino para llegar a tu Visión, y entonces que te encuentras con que tienes una enorme máquina, digamos una pavimentadora que aplana el camino para que tú puedas llegar a lograr tu Visión. Con esta herramienta, en lugar de andar escalando muros o subiendo escaleras simplemente vas caminando o incluso corriendo por la calle, vas a llegar más rápido, con menos esfuerzo y en menor tiempo a tu destino, es decir, a tu Visión.

Este obstáculo normalmente es exactamente el que te demora para que puedas lograr tus metas. Los obstáculos dan nacimiento a la oportunidad de descubrir los primeros pasos de cualquier solución.

Es cierto que siempre existirán obstáculos, y más te vale entenderlo y aceptarlo de una buena vez, sin embargo, "¡son sólo obstáculos!", tu deber es comprender que lo divertido está en crear soluciones contundentes y definitivas para librar o eliminar cada una de dichas barreras de manera que sólo se te presenten una sola vez, ¡Esa es la regla!, que cada obstáculo se te presente una sola vez, pues si el mismo obstáculo se te presenta varias veces en tu recorrido, entonces ¡no has aprendido nada!, o estás fallando en poner una solución definitiva.

Ignorar la realidad a tu propio riesgo

Tú quizás estés tentado a minimizar o ignorar la realidad de los obstáculos en tu visión, porque la realidad posiblemente revele debilidades tanto personales como de la compañía o tal vez porque tú no puedes pensar cómo resolver estos problemas.

Ignorando o mal interpretando la realidad actual es tan sano como no tomar en cuenta el efecto del clima en un vuelo o en un curso de navegación.

La verdad siempre permanecerá, ya sea que tú la reconozcas y te prepares para ella o que no la reconozcas y te caiga por sorpresa, siempre la verdad y la realidad prevalecerá, así que es extremadamente importante que seas 100% honesto acerca de los problemas y de los obstáculos que está enfrentando tu visión Como dice el dicho: "un problema bien definido es la mitad de la solución" esto es porque cuando tú traes la realidad a la mesa, enfocas tus recursos en la resolución de los problemas, de otra manera, la realidad siempre, quieras o no, va a estar presente, es algo que tú de ninguna manera vas a poder evitar.

Para llegar a hacer realidad tu visión empresarial que deseas implementar en beneficio de todos, tú debes de colocar una lupa en todas aquellas cosas que hacen a tu visión actualmente imposible o que obstaculizan su logro.

Cuando tú identificas los obstáculos, eres consciente de la brecha de desempeño que existe entre la visión y los problemas y, esto se vuelve claramente visible para todos y, haciendo esto, tú y todos aquellos que están dedicados a lograr la visión conocen exactamente qué es lo que están enfrentando y qué se necesita en el camino, tanto de esfuerzo como de innovación, para librar esos obstáculos.

Bienvenidos los escépticos

En este momento, es cuando tú invitas a todas aquellas personas que calificas o se autocalifican como escépticos para que puedan contribuir a la organización. Cuando tú los invites y hagas que su escepticismo sea positivo para la compañía, entonces todo mundo va a ganar, ya que la verdad te hará libre. Algunos escépticos ven cosas que tú no ves y al hacer esto vas a recoger todas las ideas escépticas "de todas aquellas personas que, tal vez siempre pensaron diferente a ti porque los considerabas que eran negativos pero, ahora, lo que están haciendo es contribuir a algo mucho más grande que tal vez tú no alcances a visualizar y que juntos podrán trabajar a favor de que se vayan logrando mejores resultados en tu compañía, ya que podrán tener una mejor visualización de los problemas que están latentes.

Algo que te servirá enormemente para tu vida es cambiar tu interpretación. Cuando un escéptico te dice algo, normalmente pasa lo siguiente:

- Escéptico: "No creo que esa idea de resultado"
- Tu: "No te vuelvo a invitar a mis juntas porque sólo te interpones y bajas la moral del equipo"
-

Por el contrario, ahora pensarás desde otro ángulo de interpretación; que cada comentario que un escéptico te hace, en vez de tomarlo a la defensiva, lo consideras y lo analizas para verificar que aquello que te está diciendo puede ser un señalamiento o una proposición para conseguir de una mejor manera lo que deseas, veamos cómo queda la misma situación con este nuevo punto de vista:

- Escéptico: "No creo que esa idea de resultado"
- Tu: "Seguramente hay una razón importante para que digas eso, ¿cuál crees que sería una mejor idea?", o
- "Que crees que debiéramos considerar para que fuera una mejor idea", o
- Siempre puede haber ideas mejores, ¿qué se te ocurre a ti para lograr lo que queremos de una mejor manera?

Si utilizas esta herramienta que te compartimos de seguro podrás ampliar el contexto e incluir las ideas, incluso de las personas escépticas. Normalmente detrás de una objeción se encuentra una de estas tres opciones:

- La persona definitivamente sólo quiere obstaculizar el progreso de manera consistente.
- La persona tiene una mejor idea que la que se está presentando y la única forma que se le ocurre compartirla o comentarla es creando una objeción para que le preguntes cuál es su idea.

- La persona tiene un "interés creado" el cual se está viendo amenazado con la implementación de la idea que estas compartiendo.

Tú deber es encontrar cuál de estas tres opciones es lo que verdaderamente está pasando detrás de esta persona escéptica, hay que hacerlo bien y rápido por el bien del éxito del plan.

Es muy importante, desde el punto de vista psicológico, encuadrar los obstáculos de una manera constructiva traduciéndolos de forma negativa a una manera positiva, y de excusas a retos.

Una forma simple y constructiva de alterar el parafraseo de los obstáculos es empezar siempre con una descripción de "cómo", seguidos de la frase "como tal". A continuación te voy a comentar algunos casos:

Obstáculo	Traducido
Falta de urgencia	Cómo crear un sentido de urgencia
Aversión al riesgo	Cómo reducir el miedo a la falla cuando tomamos riesgos
Ventas y marketing inadecuadas	Cómo estimular a que nuestros clientes nos compren más y cómo hacer a los vendedores más productivos
Desarrollo de producto débil	Cómo crear un programa de investigación y desarrollo que genere dos nuevos productos al año

Empleados no productivos	Cómo fomentar una cultura laboral que logre que los empleados sean más productivos
Rentabilidad	Cómo hacer consientes a los colaboradores de las pérdidas y ganancias que se tienen por su trabajo

Los obstáculos que conocemos

El reconocimiento de los obstáculos implica ponerte en la realidad al 100% y no de que tus colaboradores sientan que tú te la pasas en "la tierra del nunca jamás" pensando en algo soñador, por eso es que el reconocimiento de la realidad y de todos los obstáculos deben ser primero identificados y luego solucionados, ya sea por aquellas personas que son siempre bien energizantes y positivas, tanto por aquellas que son escépticas. Todos deben de ver los mismo obstáculos y deben de ver claramente la realidad.

A continuación te puedo presentar algunas categorías de obstáculos que pueden ayudarte a identificar las áreas problemáticas o con oportunidades dentro de tu organización.

- Dinero:
- ¿Cómo lograr que siempre existan fondos disponibles?
- ¿Cómo tener cada vez menos cartera vencida o deudores?
- Tecnologías de información:
- ¿Cómo tener los sistemas, la tecnología y las instalaciones totalmente adecuadas?

- ¿Cómo lograr una administración totalmente automatizada

- Tiempos:
- ¿Cómo lograr un sentido de urgencias y disponibilidad en todas las personas operativas y administrativas?
- ¿Cómo entregarle siempre a tiempo a nuestros clientes?

- Conocimiento:
- ¿Cómo conseguir que todo el mundo tenga la información, las habilidades y el entrenamiento necesario?
- ¿Cómo lograr que el entrenamiento esté actualizado con poco esfuerzo y sea más económico y confiable

- Cultura:
- ¿Cómo las personas abrazarán y se comprometerán con el cambio?
- ¿Cómo lograr que las personas pongan más atención en su trabajo?

- Administración:
- ¿Cómo la administración tendrá un mejor liderazgo y una comunicación eficiente?
- ¿Cómo lograremos eliminar los errores en la administración?

- Soporte:
- ¿Cómo los proveedores, consultores y otros nos darán los resultados que esperamos?

- Investigación:

- ¿Cómo lograremos que la investigación sea constante y disponible y se cree como se necesita y cuando se necesita?
- ¿Cómo lograremos obtener mejores resultados económicos del desarrollo de la investigación?

- Productos:
- ¿Cómo sabremos si nuestros productos o servicios son adecuados o requieren mejora?
- ¿Cómo lograremos un mejor "time to market" para los nuevos productos o servicios?

- Cliente:
- ¿Cómo conoceremos mejor a nuestro cliente, su sociografía y demanda de aumento de compras?
- ¿Cómo sabremos qué es lo que más le interesa al cliente para ofrecércelo y que así aumenten sus compras?

- Competencia:
- ¿Cómo lograr identificar cuáles son las debilidades y fortalezas de nuestros competidores?
- ¿Cómo obtener mejor información de inteligencia de ellos?

- Mercado:
- ¿Cuál es la tendencia del mercado?
- ¿Cuáles de esas tendencias nos favorecen más y cuales nos perjudican más?

Al hacer este ejercicio de pasar de un simple obstáculo a una posible solución de "CÓMO", superaremos ese impedimento. Nuestra mente ya no se nubla con el problema, sino que se queda con la tarea de eliminar y resolver ese problema, además de que se establece un estado de "RETO" en lugar de quedarse en un estado de "frustración" por la carga de dicho obstáculo.

Choco-Rico

Obstáculos:

Poca demanda de productos: Nosotros no tomamos riesgos y no creamos demanda con nuestros productos de una manera adecuada.

Esperamos siempre los pedidos: Esperamos los pedidos por teléfono, siempre estamos a la espera de los pedidos por teléfono no tenemos ninguna inversión en cuestiones de investigación y desarrollo y nuestros gastos están fuera de control.

Problema: Diversificación.

Obstáculos (Traducidos para un mayor entendimiento):

- ¿Cómo tomamos riesgos calculados?
- ¿Cómo invertimos para un mejor retorno?
- ¿Cómo creamos un sistema de presupuestos adecuado?
- ¿Cómo creamos una demanda del cliente y cómo creamos un programa de investigación y desarrollo?

Ejemplos de la vida real

- ¿Cómo promovemos el trabajo en equipo y la interdependencia?
- ¿Cómo proveemos herramientas y entrenamiento para mejorar nuestra productividad?
- ¿Cómo traemos la tecnología y habilidades tecnológicas actualizadas a nuestros colaboradores?
- ¿Cómo creamos una actitud optimista de puedo hacerlo?
- ¿Cómo logramos que el cambio sea parte de nuestra cultura?
- ¿Cómo creamos un sentido de permanencia en nuestros planes?
- ¿Cómo competimos con mejores fundamentos?
- ¿Cómo removemos el temor al fracaso para tomar riesgos?
- ¿Cómo identificamos e instalamos los sistemas necesarios?
- ¿Cómo mejoramos la lealtad de los colaboradores y reducimos la rotación del personal?
- ¿Cómo identificamos las expectativas de nuestros clientes?
- ¿Cómo parafraseamos de una forma entendible para todos?
- ¿Cómo implementamos cuestionarios para que los colaboradores nos digan cómo se sienten?
- ¿Cómo implementamos metas para investigación y desarrollo?
- ¿Cómo crecemos rápidamente sin debilitar a nuestra compañía?
- ¿Cómo implementamos un sistema de contabilidad enfocado a los costos?
- ¿Cómo debemos relacionarnos con las regulaciones gubernamentales?

- ¿Cómo balanceamos nuestro ingreso para mantener los márgenes?
- ¿Cómo nos enfocamos en el flujo de dinero?
- ¿Cómo nos adecuamos a deberes competitivos?
- ¿Cómo establecemos incentivos para entrenamiento y know-how?
- ¿Cómo creamos un sentido de urgencia?
- ¿Cómo hacemos un Bench Mark de nuestros competidores?
- ¿Cómo establecemos la situación de nuestras capacidades en computación?
- ¿Cómo cambiamos la cultura de reactiva o proactiva?
- ¿Cómo identificamos y corregimos la estructura organizacional?
- ¿Cómo mantenemos el avance del conocimiento a pesar de la rotación de las personas?
- ¿Cómo traemos un no haw técnico para que nos mantenga en el estado del arte o dentro de los más avanzados?
- ¿Cómo identificamos lo que nos está faltando para aumentar nuestra productividad?

Ejercicio

Con lo que hemos compartido hasta el momento, realiza un ejercicio similar al que hizo Choco-Rico donde hagas el listado de los obstáculos actuales que estas enfrentado.

Puedes también hacer varios ejemplos con la intención de que selecciones aquellos que más te hagan sentido y tengan un mayor retorno económico.

FORTALEZAS, DEBILIDADES Y OPORTUNIDADES

La peor ironía de hacer un análisis de fuerzas y debilidades es que la gran mayoría lo hacen, pasan mucho tiempo en ello y, al final, no entienden nada de lo que han hecho y, mucho menos, conciben que se trata de la mejor arma de inteligencia que tienen para llegar al éxito.

"El éxito es logrado a través del desarrollo de nuestras fortalezas y no eliminando nuestras debilidades"

—Marilyn Von Savant

Para iniciar una transformación organizacional, antes que nada, es recomendable que valores las fortalezas, debilidades y obstáculos que tiene tu empresa. Hacer un inventario de tus recursos tangibles e intangibles es un buen comienzo. No es factible comenzar una batalla sin herramientas suficientes para enfrentar la situación de manera organizada y con elementos adecuados para transformar una situación dada.

Ante esta perspectiva, es conveniente que elimines los obstáculos que impiden un adecuado desarrollo de tu visión como directivo. Para alcanzar este objetivo, es necesario que inicies por elaborar una compilación de tus fortalezas, debilidades y oportunidades.

Para alcanzar este objetivo, es convenniente que te prepares muy bien y respaldar tus concepciones con fuentes confiables para hacer un análisis de los siguientes aspectos:

- ¿En qué necesitas trabajar? (fortalezas que deberás desarrollar)
- ¿Qué acciones son las que no debes de hacer? (las debilidades)
- Las oportunidades inmediatas que deben de ser explotadas en orden para poder triunfar.

El Mejor consejo que te podemos dar es que no hagas este trabajo como "una tarea más de la escuela" o como "algo meramente teórico" porque de hacerlo así vas a fracasar. Este análisis es algo de lo más serio que puede existir y, por tanto, debes de poner una atención especial en cada detalle, pues en él estarás poniendo el mayor peso específico para ganar tu batalla o, en su defecto, perderla.

Las Fortalezas

Los valores son las fortalezas que tú puedes aplicar para soportar o para dar apoyo al problema estratégico que hayas seleccionado y el cual deseas solucionar.

En este punto es que las compañías típicamente enlistan fortalezas que no están directamente relacionadas el problema estratégico, por ejemplo, si tu visión es acerca de investigación y desarrollo, en realidad no importa mucho que tú tengas un master de administración, sino lo que realmente importa será tener dos o tres personas que tengan un doctorado en un campo especifico que sea importante para ti, el cual lo vayas a explotar en el corto plazo y en una manera bastante importante. Es una buena idea empezar con lo que tú hayas identificado en la parte de valores, es decir, ¿cuáles son aquellos valores que te distinguen de tus demás competidores? y empezar a identificar cuáles son esas fortalezas importantes que tus colaboradores tienen y que pueden ser utilizadas por tu compañía para salir adelante y triunfar para alcanzar el problema estratégico que tienen en cuestión.

Una Fortaleza real es aquella que logra atender efectivamente, de manera real y de forma rápida el problema estratégico

Deberás de encontrar las verdaderas fortalezas que actualmente tienes para afrontar el problema estratégico que estás identificando, pero debes ubicarte en las fortalezas que tienes en la realidad y en el presente. Algunos de los errores más comunes de las organizaciones son que:

- Describen fortalezas que "les gustaría" tener, pero que en realidad no tienen actualmente
- Describen fortalezas "románticas" o "buenas para nada" que no les sirven en lo absoluto al momento de atacar o atender al problema estratégico
- Enuncian un montón de fortalezas de las cuales no saben como "articularlas" o "ponerlas a trabajar" a fin de contrarrestar el problema estratégico
- Enuncian fortalezas "que pueden desarrollar" en un mediano o largo plazo, pero no las tienen actualmente

En resumen, de nada sirve el que tengas un montón de Fortalezas en tu organización si ninguna de ella logra atender efectivamente, de manera real y de forma rápida el problema estratégico.

Las Debilidades

Tus debilidades son otras áreas de oportunidad que debes de atender. Éstas deben de ser efectivamente clarificadas y jerarquizadas, de tal forma que las delimites y, en base a ello, les otorgues el tratamiento especial que requieren para que se conviertan en una fortaleza organizacional con el objetivo de que apuntalen la visión empresarial.

Muchos empresarios o directores generales erróneamente quieren ocultar o minimizar las debilidades organizacionales por múltiples razones:

- Orgullo: Por lo que van a pensar sus colaboradores o sus jefes al respecto de que su organización tenga debilidades

- Intereses Creados: Porque puede parecer que está haciendo mal su trabajo o porque algo está ganando "ocultamente" o "por debajo del agua" al tener esa debilidad

- Miopía: Porque su subconsciente negaba un problema, y a pesar que muchas veces se "tropezaba" con él siempre de manera subconsciente lo negaba, así que no lo percibía claramente en la realidad.

- Costumbre: Porque esa debilidad con el pasar del tiempo simplemente se fue volviendo costumbre y se ha convertido en parte de la cultura de la organización, a tal grado que ya nadie se da cuenta que está permeando todas las actividades de la empresa.

- Ignorancia: Porque simplemente y de manera honesta no sabía que su negocio y organización tenía debilidades

El mejor consejo que te podemos dar es que afrontes todas y cada una de tus debilidades "como lo que es", no trates de minimizarlas, de llamarlas políticamente correctas, de parafrasearlas para "no sentirnos", de "taparle el ojo al macho" o de describirlas tan complejamente que nadie le entienda.

Lo que debes de hacer es llamarlas por su nombre y mostrarlas tal como son, escribirlas o redactarlas en una forma en la que te "duela" y te mueva a hacer algo, mientras más absolutamente clara y comprensible esté redactada la debilidad para todos, mucho más oportunidad tendrás de podes hacer algo al respecto y combatirla.

Las Oportunidades

No importa el puesto que tú tengas en la organización, siempre encontrarás oportunidades que sean claras para poder resolver el problema estratégico. Tú debes identificar esas oportunidades, dado que mientras más rápido puedas concretarlas, más rápido podrás obtener el resultado esperado.

El primer paso para detectar las oportunidades es tener, digamos, "los lentes correctos" para detectar las oportunidades. Si eres una persona pesimista, que todo lo ve

Las oportunidades pueden ser muy numerosas, lo sabio está en ubicar cuál de esas oportunidades te dará el mejor resultado económico, en el menor tiempo y con el menor uso de recursos.

181

negativo, que se la pasa hablando de cómo los demás están haciendo las cosas equivocadas y se siente una víctima del sistema y del universo. Bueno, pues eso en nada te va a ayudar, pues posiblemente te sumas a los millones que por más que las oportunidades se te paren enfrente y te estén "gritando" no las escucharás ni las verás, pues tú mismo estás haciéndolas invisibles. Lee con atención lo que a continuación te decimos: SIEMPRE HAY OPORTUNIDADES, sí, es correcto, SIEMPRE, el punto es que estés honestamente dispuesto a aceptar el ver oportunidades, que estés abierto para aceptar que existen oportunidades y estés consciente de que para aprovechar las oportunidades deberás de trabajar duro, rápido y de forma inteligente.

¿Cuáles son nuestras mejores recomendaciones para encontrar oportunidades?, bueno, sigue la lista de abajo y verás que con la actitud correcta lograrás encontrar muchas oportunidades :

- Oportunidades Internas
- Administrativas
- Productivas
- Financieras
- Calidad
- Marketing
- Capacitación
- Reclutamiento
- Tecnología
- Know-how
- Oportunidades Externas
- Penetración de mercado
- Posicionamiento de marca
- Canales de distribución
- Competidores
- Nuevas tecnologías

- Nuevos materiales
- Productos sustitutos
- Hábitos de compra

Como puedes observar, las oportunidades en verdad pueden ser muy numerosas, lo sabio está en ubicar cuál de esas oportunidades te dará el mejor resultado económico, en el menor tiempo y con el menor uso de recursos.

CHOCO-RICO

Tenemos una muy buena actitud de que lo podemos hacer, ahora ¿cómo transmitimos eso a nuestro staff?, por otro lado no tenemos deuda y tenemos una calidad de muy buena reputación.

Problema Estratégico:

- No estamos diversificados, dependemos riesgosamente de un par de clientes.

Fortalezas:

- Actitud de puedo hacerlo.
- Libre de deuda y buena reputación.

Debilidades:

- Falta de cultura acerca del chocolate

  o Solo dos personas tienen el know-how profundo del chocolate

  o No somos una empresa que conozcamos del chocolate así como cada uno de los colaboradores de Starbucks conoce del café

  o Nuestros vendedores sólo "levantan pedidos" pero no se emocionan ni transmiten la cultura y el gusto por el chocolate.

- Falta de talento apropiado.

  o Tenemos muy alta rotación del personal

  o No tenemos un programa profesional de capacitación y certificación de puestos

  o No sabemos entrenar al personal y no sabemos en qué entrenar al personal

  o Nuestros procesos de producción no están claros ni descritos en papel para que cualquier persona pueda llegar y empezar a producir de inmediato y sin errores.

- Poca tolerancia al riesgo, no nos gusta tomar riesgos

  o La alta dirección lleva muchos años haciendo lo mismo de la misma manera.

  o Existen muchos nichos de poder que no se han eliminado por temor a que la producción se ponga en riesgo.

  o Los fracasos del pasado nos hacen ser demasiado cautelosos para tomar riesgos y nos da parálisis el sólo pensar en el análisis empresarial.

o Somos demasiado burocráticos para tomar decisiones, se realizan demasiadas juntas y mucho tiempo el decidir algo irrelevante, no tenemos procedimientos establecidos para esto.

Oportunidades:

- Extensiones de producto.
  - o Actualmente nuestros competidores venden muchos más productos de chocolate que los que nosotros vendemos
  - o El mercado consume muchos más productos de chocolate que lo que nosotros producimos y vendemos
  - o El mercado consume más de otros productos de chocolate que el que el nosotros producimos actualmente
- Canales actuales de distribución.
  - o Solamente hemos conservado la venta con entrega directa y actualmente hay compañías externas que pueden hacer eso más económico y más eficiente.
  - o Las formas de comprar han cambiado, no estamos actualizados con los métodos de compra vía internet.
  - o No tenemos una relación cercana con nuestros clientes para saber cómo esta su inventario y poder resurtirle de manera automatizada con beneficios para ambos.

Ejemplos de la vida real

Fortalezas:

- Staff organizacional muy profesional, con altos grados académicos
- Un staff de ventas muy bueno pues ha logrado cumplir sus metas de venta en tres años consecutivos
- Una fuerza de trabajo innovadora, porque constantemente nos están dando muy buenas ideas
- Excelente servicio al cliente, porque tenemos respuesta en menos de 24 horas y no tenemos registradas quejas de clientes en los últimos 6 meses
- Tenemos mucha antigüedad en el mercado, somos el segundo con mayor antigüedad y reconocimiento de marca, estamos en el "share in mind" del mercado.
- Estamos bien fondeados, la familia propietaria se ha encargado de fondear a Choco-Rico de manera excepcional para no tener deudas.

Debilidades:

- Tenemos una baja moral entre los empleados.
- Ignoramos el mercado, sólo nos enfocamos en hacer lo que queremos hacer porque eso es lo que sabemos hacer y "negamos" que el mercado está cambiando.
- Nuestra tecnología esta deficiente, aunque tiene un excelente mantenimiento y está en perfectas condiciones ya la maquinaria no es productiva , es muy lenta y no permite interfaces con sistemas computacionales o automatizados

- La organización no acompaña al tipo de reto que tenemos actualmente, hay mucha gente que le da miedo tomar decisiones, están muy acostumbrados a llevar los negocios "a la vieja escuela"
- El programa de carrera es muy básico.
- No hay un programa de certificación de puestos
- Muchos empleados negativos.
- Mucha plática y poco trabajo.
- Sistemas y habilidades computacionales no adecuadas.

Oportunidades:

- Tenemos un nicho de mercado que no ha sido atendido.
- Tenemos una penetración del mercado menor al 0.012% a nivel América (es decir ¡nada!)
- Tenemos una tecnología de aprendizaje a distancia de las mejores del mundo.
- Tenemos mucho por mejorar en el servicio al cliente.
- Tenemos un staff de desarrollo de sistemas que es excepcional tanto para desarrollar programas bien y rápido como para crear nuevas opciones.
- Estamos a menos de 1,000 km del mercado más grande del mundo.

Ejercicio

Con lo que hemos compartido hasta el momento, realiza un ejercicio similar al que hizo Choco-Rico donde hagas el listado de las fortalezas, debilidades y oportunidades actuales que estas enfrentado.

Puedes también hacer varios ejemplos con la intensión de que selecciones aquellos que más te hagan sentido y tengan un mayor retorno económico.

COMPRENDIENDO EL CONTEXTO

Contexto es por definición el conjunto de circunstancias o situaciones que te rodean.

"Organiza, no agoniza"

—*Nancy Pelosi*

Contexto es definido por el diccionario americano como: "las circunstancias en las que un evento ocurre". Como alguna vez Jeff Immelt escribió (el CEO de GE) *"Hay dos lecciones importantes que me reforzaron mi mente el año pasado primero, el valor del contexto y segundo la importancia del cambio. Por contexto quiero decir el entendimiento de las tendencias importantes y su impacto en G.E".*

¿Cuántas horas, días o años preciosos son gastados en lo urgente y no necesariamente en actividades importantes que consumen la mayor cantidad de tiempo?

Muchas compañías siempre están pensando cómo controlar más las actividades y los movimientos que las personas dentro de su organización realizan. Tareas como la medición de actividades, administración de proyectos, planeación y ejecución, juntas o reuniones, reuniones, reuniones, y más reuniones, ya sean formales o informales, etcétera y, consideran que esas actividades parece ser que

189

proveen un grado de control. La pregunta que debemos de hacernos es ¿cuántas horas, días o años preciosos son gastados en lo urgente y no necesariamente en actividades importantes que consumen la mayor cantidad de tiempo?

Es facilísimo perder el enfoque de lo que verdaderamente crea valor a la organización, y cuando tienes claro la actividad, si, la actividad específica que en tu puesto crea valor a tu organización muchas de las veces te encuentras con que es la que menos haces en el día a día, y te encuentras haciendo incontables acciones estériles que no son las que crean el mayor valor; sí, tal vez son necesarias, (decimos tal vez porque de la forma en la que la haces actualmente pues probablemente te obligue a que sea necesaria, pero si la haces de una manera diferente verás que ya no es necesaria o al menos la puedes hacer en un menor tiempo).

Una manera práctica y sencilla es cuando observamos que:

- El contador no está contabilizando,
- El programador de la producción no está programando
- El vendedor no está cerrando contratos
- El programador de sistemas no está programando sistemas
- El repartidor no está repartiendo pedidos
- El gerente no está mejorando los números de la planta o de la institución
- El entrenador no está entrenando

Y la lista podría seguir y seguir, pero sólo queremos darte una imagen general de lo que nos referimos y a este momento creo que ya la has de tener. Si no estás haciendo tu actividad de mayor valor, entonces están haciendo otras cosas, pero recuerda que el cliente sólo paga por aquellas actividades de mayor valor, las "otras cosas o actividades" le agregan costo a tu operación, si este párrafo te queda absolutamente claro te aseguro que tendrás una compañía triunfadora y con beneficios económicos sustentables para todos los que ahí laboran de forma comprometida.

El profesor Robert Kaplan de la Universidad de Negocios de Harvard, ofrece las siguientes observaciones "yo he recomendado a muchos líderes que ellos rastren cómo es que gastan cada hora de su día por una semana y, luego la categorice en horas dentro de las siguientes actividades:

- Desarrollo y administración del negocio.
- Desarrollo y administración del personal
- Ejecución de actividades estratégicas,

Para la mayor parte de los ejecutivos, los resultados de este ejercicio son desalentadores y horripilantes. Al realizar este proceso, encuentran una enorme diferencia entre sus prioridades de mayor envergadura y se dan cuenta de la forma improductiva de cómo ellos gastan sus días.

Para poder categorizar los recursos: humanos, tecnológicos, financieros o de cualquier otra índole, con la finalidad de que éstos se conviertan en un componente principal o clave en el éxito de la estrategia es necesario internalizar cuatro Criterios Diferenciales que te ayudarán a identificar la urgencia e importancia de cada recurso o incluso de cada actividad:

- Dificultad para replicarlo: el recurso requiere de un gran esfuerzo o demasiado difícil para que otros lo puedan copiar.

- Generación de valor: el recurso es tan necesario que aporta de manera definitiva hacia un bien superior o beneficio para el cliente, es decir, es un recurso clave.
- Sustentabilidad: el recurso es suficientemente abundante para ser usado en repetidas ocasiones, no es algo que se deba de reemplazar constantemente y en el que puedes tener una gran confiabilidad.
- Falta de sustitutos: el recurso no puede ser rápidamente sustituido por otro recurso similar que se desempeñe de la misma forma o de manera análoga.

Considera por ejemplo el Cirque Du Soleil que, ahora, desde que la compañía fue fundada desde 1984 con sólo 20 actores de calle, hoy en día el Cirque Du Soleil tiene más de 35 mil empleados representando a 40 nacionalidades y unas ventas mayores a 600 millones de dólares.

Al reconocer la importancia de cada recurso dentro de tu organización estas reconociendo también fortalezas y debilidades, las cuales te ayudarán a que tengas una mejor predictibilidad de cómo se comportará tu planeación estratégica.

Choco-Rico

Problema Estratégico:

- No estamos diversificados, dependemos riesgosamente de un par de clientes.

En Choco-Rico tenemos personas, tecnologías y Know-How que nos pueden ayudar a obtener de una mejor manera lo que deseamos en nuestro plan estratégico.

Criterios Diferenciales:

- Dificultad para Replicar:
    - La receta secreta del procesamiento del chocolate que nuestros fundadores crearon.
    - Los dueños tienen un renombre intachable generacionalmente y son reconocidos como hombres serios de negocios a nivel nacional.
- Generación de Valor:
    - El Lic. Francisco Ríos es un vendedor excepcional que sabe relacionarse muy bien con la persona correcta y tiene un amplísimo poder de negociación y convencimiento, el ha cerrado el 90% del volumen del total ventas.
    - El Ing. Francisco Pérez ha desarrollado las últimas formulaciones que, junto con la receta secreta, han gustado mucho al consumidor y además nos ha ahorrado dinero y tiempo de procesamiento.
    - La máquinas Unimatik es una de las piezas claves para la reducción en el tiempo de respuesta y disminución de costos.
    - El Ing. Jorge Plasencia ha logrado armar un equipo de personas muy talentosas que han trabajado armoniosamente y logrado que las operaciones de la compañía sean cada vez más eficientes.
- Sustentabilidad

- o Hemos venido cambiando maquinara obsoleta por maquinara un poco más tecnificada y actual que, aunque de mayor precio, nos ofrece una mejor rentabilidad
- Falta de Sustitutos:
  - o Ciertas personas claves dentro de la compañía son difíciles de sustituir, porque son las que conocen el proceso a profundidad y difícilmente se puede prescindir de ellas.
  - o El crecer con mas máquinas Unimatik no es algo rápido, pues el tiempo de respuesta de esta maquinaria es de 4 a 6 meses para poder empezar a trabajar y obtener resultados.

Ejemplos de la vida real

- Dificultad para Replicar
- Cierta maquinaria con la que contamos
- El know-how de algunos procesos administrativos u operativos
- Las líneas de crédito que se tienen
- La inversión en activos
- Los canales de distribución logrados
- El posicionamiento de marca "first in mind" o "share in mind"
- La credibilidad en la marca
- La generación de propiedad intelectual que pueda competir o la protección que ésta te brinda
- Generación de Valor
- La posición geográfica
- La penetración de valor
- Ciertas personas dentro de la compañía

- Algunos sistemas que la compañía utiliza
- La explotación de cierta propiedad intelectual
- Ciertas herramientas con las que cuentas
- Sustentabilidad
- La consolidación económica que se tiene
- El flujo de efectivo (free cash flow FCF) del negocio
- La confiabilidad en cada maquinaria
- Falta de Sustitutos
- Algunas materias primas clave
- Cierto personal clave
- La maquinaria clave
- Ciertas líneas de crédito clave
- Ciertas cuentas de clientes clave
- Ciertos productos o servicios clave

Ejercicio

Con lo que hemos compartido hasta el momento, realiza un ejercicio similar al que hizo Choco-Rico donde hagas el listado de los 4 Criterios Diferenciales actuales que estas enfrentado.

Puedes también hacer varios ejemplos con la intensión de que selecciones aquellos que más te hagan sentido y tengan un mayor retorno económico.

Ana Godínez / Gustavo Hernández

PASO 3
ESTRATEGIA

PART 3

STRATEGIES

LO QUE NO ES UNA ESTRATEGIA

La experiencia no sirve de nada, a menos que esté demostrando claramente y de forma tangible la expansión y crecimiento del negocio.

"El secreto del éxito en la batalla radica pocas veces en el uso de las fortalezas de uno, por el contrario radica muchas veces en la explotación de las debilidades del otro"

—*John Christopher*

Aquí empezamos a delimitar y pulir de manera fina lo que es una estrategia y, también, lo que no es una estrategia. Al tener claras las diferencias, percibirás que te será más viable crear una estrategia ganadora, de tal forma *Nunca debes de confundir el "Qué" con el "Cómo voy a lograrlo" lo cual es la estrategia.* sea más fácil de comprender por tu personal y te ayude a lograr lo que deseas de una manera más ágil y con el mejor uso de los recursos.

Para ayudarte a clarificar una estrategia nosotros podemos utilizar estos términos de lo que no es una estrategia, los cuales son:

- Aspiraciones: metas, objetivos o visualizaciones.
- Mejores prácticas: tratar de ser mejores, en lugar de ser diferentes que la competencia.
- Peligro: siendo cuidadosos, restrictivos y temerosos de hacer ciertas cosas.

Una estrategia no son Aspiraciones

Constantemente la estrategia es mal entendida o confundida y, se toma como una forma de meta, un objetivo o una visualización

Qué tan frecuentemente has visto que algunas estrategias muestran cosas como:

- Mi estrategia es "ser el líder de mercado"
- Mi estrategia es "crear un nuevo negocio en el próximo año"
- Mi estrategia es "ser el proveedor clave de tal compañía"
- Mi estrategia es "lograr una mayor penetración del mercado nacional"
- Mi estrategia es "Ser reconocido en América como el proveedor más confiable"
- Mi estrategia es "Lograr mi consolidación económica."

Esto que tú estas tratando de lograr, si es una meta o un objetivo a largo plazo, nunca se debe confundir con el "Cómo", ya que en los puntos anteriormente descritos son el "Qué".

Nunca debes de confundir el "Qué" con el "Cómo voy a lograrlo" lo cual es la estrategia, pero no el cómo a un nivel de detalle, sino un cómo universal que guiará todos los pasos de las personas.

Una estrategia no son Mejores Prácticas

Las mejores prácticas pueden tener un éxito crucial o importante pero nunca deben de ser confundidas con estrategias

Las mejores prácticas son importantes para las áreas operativas dentro de la organización. Si las mejores prácticas erróneamente se sustituyen o se creen que son la estrategia, entonces éstas mejores prácticas rápidamente pueden perder el liderazgo y, por la tanto, perder el negocio

Las mejores prácticas evitan la ventaja competitiva porque las mejores prácticas están al alcance de cualquier persona que tenga:

- Primero: la visión de tenerlas y de aceptar que por eso son llamadas "mejores prácticas",
- Segundo: las agallas de ponerlas en práctica de manera adecuada, y
- Tercero: la disciplina de mantenerlas siempre como una mejor práctica, adecuada y actualizada.

Sin embargo, estas mejores prácticas siempre seguirán estando al alcance de cualquier persona en el mundo y por lo tanto no es la estrategia.

Una vez que las diferencias entre mejores prácticas son dejadas de observar por el cliente, lo único por lo que el cliente tendrá que decidir es por el precio entre uno y otro proveedor o produccto, ya que tus mejores prácticas como lo comentamos, pues están al alcance de todos y de "cualquiera" y este cualquiera te convierte en uno más de tantos que sólo sobreviven con las migajas de los triunfadores.

Lo irónico está en que muchos empresarios o Directores Generales se resisten a adoptar mejores prácticas, porque piensan que eso no es cierto, no creen de hecho que las mejores prácticas son en sí "las mejores prácticas" y, lo único que logran, es estar cada vez más fuera del mercado e irse rezagando. Puede haber una infinidad de factores ante esta "ceguera" de no ver o no querer ver las mejores prácticas, como por ejemplo:

- Es estar consientes de que su compañía está retrasada y no querer aceptarlo
- El no tener dinero para adoptar las mejores prácticas
- El querer tener y adoptar las mejores prácticas, pero no saber lidiar o no tener el liderazgo suficiente para implementarlas en su compañía
- El pensar que el adoptar las mejores prácticas será un dolor de cabeza, o incluso pensar
- Que aunque el 99% de la población usa las mejores prácticas están en un error.

A continuación te mencionaremos algunos de los ejemplos erróneos de cómo algunas empresas piensan que las mejores prácticas son su estrategia:

- Mi estrategia es "Tener una certificación de calidad"
- Mi estrategia es "Implementar el modelo de Manufactura Esbelta en la oficina y en la producción"
- Mi estrategia es "Establecer un proceso y sistema de Customer Relationship Management o CRM para la administración de mis Clientes"
- Mi estrategia es "Construir un programa de certificación de competencias laborares"

- Mi estrategia es "Tener toda mi documentación contable de manera adecuada"

Todas las anteriores anotaciones, son mejores prácticas que es conveniente y necesario que las implementes y las lleves a cabo de una manera precisa y correcta, pues es lo mínimo que deben de tener cualquier negocio profesional hoy en día. Pero definitivamente no son una estrategia, ¿por qué no?, muy simple, porque cualquier persona o empresa con un poquitito de visión profesional, y un poquito de dinero y liderazgo las pueden adoptar, las mejores prácticas no son ni cercanamente una ventaja competitiva.

Una estrategia no son medidas de Precaución

La estrategia no es precaución, si tú no estás dispuesto a tomar riesgos al hacer negociaciones o incluso hacer enojar o molestar a algunos clientes, entonces tú no tienes una estrategia.

Muy a menudo los gerentes no quieren tomar riesgos porque en el fondo tienen miedo, ¿De qué tienen miedo? Pues tienen miedo de perder sus puestos o tienen miedo de ser removidos si es que no hacen lo que el jefe pide o lo que el jefe manda, ya que los jefes son los que toman la decisión de poder remover, ofrecer un aumento o mantener a las personas. Así que ellos tal vez de alguna manera inconsciente, buscan dar soporte a su jefe por un interés creado y para muchos genuino de mantenerse dentro de la compañía.

Muy a menudo los gerentes no quieren tomar riesgos por que en el fondo tienen miedo

Un estudio reciente aplicado a aproximadamente 1,000 ejecutivos publicado por la revista Strategy Magazine, muestra que 50% de los que respondieron sienten que sus jefes o equipo gerencial no es capaz de desarrollar una estrategia competente para sus organizaciones, ni tampoco de ejecutar dichas estrategias.

Considera estos datos junto con la investigación publicada por Long Rane Planning mostrando que cerca del 40% de las organizaciones no tienen un proceso formal de desarrollo de estrategia, esto puede ser lo mismo a que:

- 4 de cada 10 coches en las carreteras operen sin un volante.
- 4 de cada 10 equipos de futbol profesional no tengan una pizarra de jugadas.
- 4 de cada 10 diseñadores de modas sean ciegos.

La estrategia de negocios es definida como: la inteligente localización de recursos limitados en un sistema único de actividades para desempeñarse de manera sorprendente sobre la competencia y sirviendo a los clientes.

LA DIFERENCIACIÓN ES LA CLAVE

A las empresas que les va muy bien, pero muy bien, es porque son claramente diferentes que el resto de sus competidores. Los demás simplemente se dividen las migajas que sobran en el mercado.

> *"Tu estrategia para el éxito debe de estar constantemente moviéndose, cambiando y evolucionando."*
>
> —*Ziad K. Abdelnour*

"La Igualdad Mata" esa es una de las frases que nunca olvidaremos de un gran Maestro y Amigo, el Dr. Enrique Canales. Él comentaba que en el mundo de los negocios, si eres igual a tu competidor, o eres "poquito diferente" simplemente se matarán y su negocio fracasará.

Pero, ¿por qué la igualdad mata?, la respuesta es simple: porque el mercado o los clientes no percibirán nada diferente de un competidor a otro, y al suceder esto, entonces el mercado o el cliente tendrán todo el poder de compra y normalmente podrá pasar alguna de las situaciones siguientes:

- Se decidirá por el proveedor que le dé un precio más bajo.
- Por un mejor plazo de pago.

- Los pondrá a competir para ver quien se baja lo más posible
- Tendrás que hacer muchas concesiones o darle al cliente algo más para poder diferenciarte de alguna manera de la competencia
- En el caso de empresas o compradores corruptos, pues simplemente le comprará al proveedor que mejor "incentivo" esté dispuesto a darle al comprador

Normalmente, si no tienes una diferencia sustancial con respecto a tus competidores, acabas haciendo una de las siguientes cosas o, peor aún, las dos cosas: primero, gastando de más aunque no lo parezca, porque tienes que tener una mayor fuerza de ventas aunado a un mayor esfuerzo para colocar tus productos, dando mayores concesiones, ofreciendo mayor plazo o incluso, obsequiando "incentivos", y segunda: Ganando menos, porque tienes que bajar el precio para que te compren y, además, agrégale todos los elementos del primer punto que mencioné ya que también te cuestan y son parte de los costos que tienes qué pagar por ser similar a tus competidores. Así que este escenario es mortal, porque probablemente acomodes tu producto en el mercado, pero ¡ganarás cada vez menos y menos!, así que de continuar en esa tendencia, simplemente estas matando a tu empresa o negocio, por eso ¡Debes de Diferenciarte Ampliamente!.

La Igualdad Mata, si eres "poquito igual" o "poquito diferente" a tus competidores estás próximo a morir

Johnny Cash y el Mini Cooper han sido ambos increíblemente exitosos porque ellos fueron diferentes de sus competidores en una forma que sus clientes claves lo valoraban. Tomando el concepto de diferenciación en la estrategia nosotros podemos ver tu estrategia con tus lentes:

- Desarrollar diferentes actividades que nos distingan de la competencia.
- Desarrollar actividades similares pero con una forma diferente respecto de la competencia.

Un ejemplo que tiene que ver con el primer enunciado, fue la introducción de la compañía Netflix en 1998, en lugar de esperar a que los clientes vayan a las tiendas a rentar sus DVD, Netflix tenía la orden de DVD por Internet. Netflix fue el pionero en los sistemas de renta por Internet entregándolos por correo y entregando también un software donde el cliente pudiera hacer recomendaciones de películas que quisiera ver, agregando a su librería cerca de 900,000 títulos y estas actividades diferenciadas han logrado que ellos sean altamente competitivos en el mercado de los DVD y, actualmente en el mercado de las películas que se ven vía Internet en alta definición.

La compañía de renta de automóviles Enterprise, ejemplifica el segundo enunciado. Enterprise desempeña la misma actividad que sus competidores, la cual es la renta de vehículos a sus clientes pero, se diferencia en las siguientes formas; ellos entregan los coches a sus clientes, ellos operan en pequeñas y poco costosas oficinas en las áreas no urbanas utilizando autos seminuevos y teniendo un sistema de reserva muy eficiente y, de esta manera, Enterprise tiene una enorme aceptación dentro de sus clientes, puesto que sus costos son muy bajos y además, dan un excelente servicio a los coches con un mantenimiento excepcional.

Basado en las dos referentes anteriores ,los lideres estratégicos continuamente se hacen las siguientes dos preguntas :

- ¿Cuáles son las actividades diferentes que nosotros podemos desempeñar y que nuestros competidores no lo están haciendo?
- ¿Cuáles son las actividades similares que nosotros podemos realizar en una forma diferente que nos desmarque o diferencié de nuestros competidores?

Así que no vayamos más lejos sin que antes tú apliques o reflexiones sobre las preguntas que te acabamos de compartir

¿Cuáles son las actividades diferentes que nosotros podemos desempeñar y que nuestros competidores no lo están haciendo?

¿Cuáles son las actividades similares que nosotros podemos realizar en una forma diferente que nos desmarque o diferencié de nuestros competidores?

La Diferencia en Eficiencia Operativa

A continuación te describiremos algunos de los conceptos más finos que te pueden orientar a crear tu estrategia, y uno de los más comunes, es tener una Diferenciación en Eficiencia Operativa o también conocida como una Ventaja Competitiva en Eficiencia Operativa. Quizá el error más común es el de confundir a la estrategia con un "Estándar Operativo".

El Estándar Operativo es aquel lobo vestido como estrategia, eso significa que, el desarrollar actividades similares en la manera que nuestros competidores lo realizan tratando de hacerlo un poquito mejor o un poquito más rápido, sigue siendo Estándar Operativo, siendo "poquito diferentes" no nos va a llevar a algo verdaderamente incomparable, es como si estuviéramos corriendo la misma carrera de autos con el mismo coche esperando ser un poco más rápido. Nosotros al implementar una estrategia significa que efectivamente tendremos condiciones similares a las de nuestros competidores, es decir, tal vez coches similares, sin embargo el de nosotros tiene incorporado cosas diferentes, tanto en el coche como en el piloto, diferente entrenamiento, diferente aerodinámica, motor diferente, neumáticos diferentes, técnicas diferentes, tácticas diferentes, manejo diferente, volante diferente, combustibles diferentes, etcétera.

La ventaja competitiva es definida como: "ofrecer un mayor valor, basado en diferencias de capacidades y actividades". Si después de un proceso de iluminación para encontrar tu estrategia te encuentras con que no te ha sido posible encontrar una ventaja competitiva en eficiencia operativa, entonces tú puedes escoger dentro de muchas opciones el transformar esa desventaja en una ventaja. Aquí tenemos cuatro ejemplos:

- Cambia la oferta: Ofreciendo al mercado productos o servicios finales donde el cliente percibe que lo que está comprando es verdaderamente diferente a los demás competidores. Por ejemplo, el caso de Dell, donde todos los competidores de Dell se compraban en las tiendas de autoservicio o en los corporativos. Dell innovó y cambio la oferta presentando la opción de compra vía teléfonica o por internet con computadoras a la medida en el menor tiempo de entrega.

- Crea nuevas capacidades: Es el caso de empresas que no tienen cierta tecnología y que crean o adoptan una tecnología totalmente diferente para darle al mercado algo innovador. Por ejemplo, Apple no estaba dentro de la música digital, no tenía un negocio dentro de este mercado, sin embargo, vio una área de oportunidad en él e hizo lo necesario para crear lo que ocupaba y así se movió hacia la música digital.

- Cambia los criterios de relevancia: Influencia las presencias de los clientes a través de cambiar los criterios de relevancia o hacer el valor de la oferta más claro, ejemplo el énfasis de Subway en una Fast Food saludable, o Diet Coke al cambiar el criterio de relevancia de un refresco a otro refresco pero sin calorías, o el mismo nombre de Vitamin Water que te invita a vitaminarte mientras te refrescas.

- Cambio de juego: innova en el mercado en un espacio en donde la competencia prácticamente no existe, ejemplo el Cirque Du Soleil, antes de ellos los circos eran pequeños espectáculos errantes que daban diversión clásica, pero Cirque Du Soleil vio que ninguno estaba en el negocio del circo de alta calidad y decidió ser el Mejor Circo del Mundo para Top Class.

La Diferencia en Áreas Tácticas

Existen tres Áreas Tácticas que debemos de tomar en cuenta al momento de crear nuestras actividades tácticas dentro de nuestros negocios u organizaciones.

Se llaman Áreas Tácticas porque ellas integran el sistema o método que se crea para ejecutar lo establecido por la estrategia, ellas son las tres áreas que sustentan toda operación, ya sea empresarial o institucional y estas de manera general están integradas por:

- El Producto o Servicio (Lo que los Clientes compran o adquieren y a cambio te entregan dinero que es el alimento para que tu organización continúe viviendo)
- La Operación (la forma en la que transformas o generas el producto o servicio), y
- Los Clientes (aquellos que compran o reciben el producto o servicio)

El tomar en cuenta estas tres Áreas Tácticas traerá consigo un equilibrio dentro de lo que es un negocio completo, esto no significa que las tres tácticas deban de ser igual de importantes al mismo tiempo, esto significa que las tres deben de estar presentes, pero alguna debe ser más importante que las otras y, esta importancia momentánea, estará definida de acuerdo al Problema Estratégico que tengas o estés trabajando actualmente.

Las Áreas Tácticas son:

- Liderazgo de producto.
- Excelencia operativa.
- Intimidad con el cliente.

A continuación te mencionaremos cada una de las áreas y cómo es que están estructurada, de esta forma, se te hará más fácil observarlas y utilizarlas para la creación de tu estrategia.

Liderazgo de producto

Como tú lo puedes imaginar, el liderazgo de producto es proveer el mejor artículo, uno que ofrezca un valor diferenciado en el mercado.

Los lideres exitosos en productos, elaboran y ofrecen productos y servicios que los clientes reconocen como el mejor, agregándoles beneficios significativos y mejor desempeño a ellos. La fuerza principal de los lideres de producto son ellos mismos, ellos trabajan rápido y de manera furiosa para eliminar sus viejas ofertas obsoletas e introducir en el mercado, nuevos y variados productos que los identifiquen como la mejor opción de compra.

Algunos ejemplos de compañías que están en liderazgo de producto

Los líderes exitosos en productos elaboran productos y ofrecen servicios que los clientes reconocen como los mejores

están Nike, Jaguar, Starbucks, Hilton, Cartier, y Apple. Ellos entienden que proveen marcas Premium y, lo más importante, que ellos crean o generan propuestas de valor que les permite colocar precios Premium a sus productos y a sus marcas.

Desde una perspectiva táctica, la mayoría de sus recursos están localizados en su diseño, su gente y en los esfuerzos de investigación y desarrollo. Las dos fuentes principales de energías son:

- La superioridad en producto o servicio, y
- La innovación.

Definitivamente, estas marcas no compiten en un mercado de "precios" pues sus clientes están dispuestos a pagar un excedente para tener a estas marcas. Es importante resaltar que puede haber empresas con liderazgo de producto para cada estrato socio-económico y cada estrato está dispuesto a pagar un sobreprecio para tener a esas marcas, productos o servicios.

La excelencia operativa

Las compañías que se enfocan en excelencia operativa son caracterizadas como las que tienen el mejor costo total, ellos proveen a los clientes con ofertas rentables a precios competitivos y entregan esas ofertas de una manera mucho muy eficiente.

Algunos de los ejemplos incluyen a Walmart, Chrysler, Subway, Southwest Airlines, Hampton Inn, McDonalds, Casio, y FedEx. Estas compañías se dan cuenta que la estandarización eficaz son la vida de sus negocios.

Desde una perspectiva táctica la mayoría de sus esfuerzos están enfocados en el conocimiento de las costumbres del consumidor, el análisis rápido que tienen del mercado y su capacidad de mejora de la eficiencia de sus operaciones, sus fuentes principales de energía están localizadas en:

- La eficiencia en cada una de sus operaciones tanto administrativas como productivas.
- La estandarización de las operaciones.
- La reducción permanente de los costos aportando la calidad necesaria para que sus clientes estén satisfechos.

Regularmente estas marcas están en constante mejoramiento y actualización de sus procesos y cada una de sus operaciones, además, tienen un enfoque minucioso en la eliminación de los costos y del desperdicio para poder brindar los mejores precios y las mejores opciones para sus clientes.

Intimidad con el cliente:

Las firmas que tienen una intimidad con el cliente ofrecen la mejor solución total, ellos viven unas relaciones largas y profundas con sus clientes y, estas relaciones, son construidas en un entendimiento exacto de lo que los clientes necesitan, cómo lo necesitan y estas soluciones son hechas a la medida. Las compañías que se enfocan en este tipo de disciplinas, son aquellas que más se distinguen por tener una Intimidad con el cliente. Como ejemplo podemos mencionar a IBM, General Electric, Ritz-Carlton y Nordstrom.

Las empresas que dentro de su Área Táctica tiene un enfoque a la Intimidad con el Cliente, realizan esfuerzos muy distintivos de entre sus competidores que manejan principalmente otras áreas tácticas, algo que las distingue son:

- Tienen esfuerzos intensivos en los sistemas de administración de la relación con los clientes
- El personal está perfectamente entrenado para brindar la mejor experiencia al cliente
- Los procesos giran totalmente en un ambiente que proporciona la mejor experiencia del cliente, donde él es el rey supremo.

- Su objetivo es que en las encuestas de satisfacción del cliente siempre tenga una calificación mayor a un 97%.

El no tener una disciplina para seguir, entender, seleccionar y enfatizar estas Áreas Tácticas dentro de las organizaciones resultan en tres efectos indeseables como:

- Una dirección estratégica fracturada, pues las personas no saben bien en qué deben de enfocarse y el aprovisionamiento de recursos es divido entre muchas acciones.
- Una marca muy débil, pues el cliente no tendrá claro en su mente qué es lo que diferencia a la marca por entre sus competidores.
- Mediocridad y comoditización, en el momento en que el cliente no ubica claramente la diferencia entre una marca y otra, en automático cataloga a estas marcas como comodities y se vuelca plenamente hacia una situación de precio más que de valor a obtener.

Estos efectos negativos son suficientes para sofocar un negocio ya que impiden que los posibles compradores tengan una idea clara de tu marca en la mente y, por lo tanto, crea confusiones o indecisiones en el cliente o consumidor. De esta forma, el usuario de tus productos o servicios, puede seleccionar dentro de lo que ve en miles de marcas que, lamentablemente están en ese tipo de problemas.

Los estudios de Mar Jung Beeman del Institute

El fracaso en el entender o el de adaptarse al cambio, puede llevar a la muerte, inclusive a la más exitosa de las compañías

Northwestern University´s para la neurociencia, ha demostrado que para que las iluminaciones sean útiles, ellas necesitan ser generadas desde adentro y en forma contraría a como se ha venido manejando por la gente, es decir, por reportes escritos.

La adrenalina que corre cuando una iluminación es generada sólo es posible cuando es conectada la mente con el cuerpo y esta conexión y generación de adrenalina logra que las personas tengan una mayor emoción y una persistencia mucho mayor por lograr esa iluminación.

El fracaso en el entender o el de adaptarse al cambio puede llevar a la muerte inclusive a la más exitosa de las compañías ya como Charles Darwin lo decía *"no es la especie más fuerte aquella que sobrevive o aquella más inteligente pero aquellas que son más adaptables al cambio"* .

Así que no vayamos más lejos sin que antes apliques y reflexiones sobre las Áreas Tácticas que te acabamos de compartir

¿Qué acciones, proyectos o procesos debieras de hacer o cambiar a fin de lograr un enfoque claro de tu organización en el Área Táctica de *Liderazgo de Producto*?

¿Qué acciones, proyectos o procesos debieras de hacer o cambiar a fin de lograr un enfoque claro de tu organización en el Área Táctica de *Excelencia Operativa*?

¿Qué acciones, proyectos o procesos debieras de hacer o cambiar a fin de lograr un enfoque claro de tu organización en el Área Táctica de *Intimidad con el Cliente*?

ESTRATEGIAS

El establecimiento de estrategias es la actividad dorada de toda organización, pues aquí es donde se diferencia entre una organización que simplemente hace lo mismo, aunque bien hecho y, otra que es exitosa porque hace movimientos estratégicos que le permiten permanecer de forma eficiente en el mercado y logra dejar atrás a sus competidores.

"Estrategia sin táctica es la ruta más lenta para la victoria, táctica sin una estrategia es el ruido antes de la derrota"

Sun Tzu

Hemos llegado al momento más importante de todo proceso de planeación estratégica, aquí es donde los grandes líderes y estrategas han escrito su propio pase a la historia, es donde las organizaciones ponen su enfoque para lograr lo que ahora son, sea un grupo de amigos que pasó del garaje a una empresa multimillonaria en menos de cinco años, una empresa establecida que amplió sus operaciones transcontinentalmente, o un pequeño negocio que logró el éxito que esperaba en el momento que lo esperaba. Todo al final radica en la estrategia que se utilice.

Echemos un vistazo a las dos etapas del proceso de Planeación Estratégica TOTAL que hemos creado y, por el cual ya has pasado y establecido con el objetivo de fortalecer tus procesos organizacionales:

- Paso 1: Objetivo, donde definiste, clarificaste o actualizaste tu Misión, Visión, Valores y Visualización.
- Paso 2: Situación, donde has dejado de una forma absolutamente clara la situación de tu negocio o institución en este momento y sobre todo has definido tu Problema Estratégico

Ahora bien, recordemos que el Problema Estratégico es aquel que mayormente está frenando el desempeño firme, estructurado y acelerado de tu organización. Los puntos anteriores son la clave para poder tener una excelente formulación de la estrategia

Aquí es el momento y el lugar donde el pensamiento y la planeación se tornan en la acción. En todo el proceso de toma de decisiones existe siempre cierta preocupación de sobrepensar un problema y entonces perdemos iniciativa y velocidad a través de tomar demasiado tiempo en actuar o demasiado tiempo en conversaciones, y por otro lado, también de pronto se toma un forma de actuar "sobre las rodillas" con muy poco pensamiento estratégico y nunca dejando de trabajar. Seguramente tu has hecho cualquiera de esto o has conocido al primo de un amigo que lo ha realizado.

El Problema Estratégico es aquel que mayormente está frenando el desempeño firme, estructurado y acelerado de tu organización.

La Brecha Estratégica

Tú creas tensión positiva en tu problema estratégico a través de identificar una brecha estratégica, la cual está anclada a un "polo positivo" donde encuentras el mejor resultado imaginable de tu problema estratégico (ya sea en la forma de evaluar la visión, o beneficio al cliente u otros beneficiarios) y en el lado opuesto o en el "polo negativo" son los obstáculos, son las debilidades, tu situación actual y el status Quo que existe. Como responsable, directivo y líder de tu problema estratégico depende de ti garantizar que la visión prevalezca por sobre todo el "polo negativo" y el status Quo. Para serte totalmente honesto, muchas personas podrán estar en contra de ti y de tus pensamientos de mejora.

El Estatus Quo esta "financiado , alimentado y ejercitado" por todos aquellos que se resisten al cambio y quieren mantener las cosa en la forma que están actualmente, siempre están clamando por "no moverle a las cosas". Como un agente de cambio, tú puedes tener a la visión como la única cosa que soporta los tiempos por venir, así que deberás de tener demasiada determinación. Pero si tú bajas tu fuerza o compromiso para poder seguir manteniendo esa tensión y te pones a dormir o te vuelves distraído, la energía va a escapar de tu estrategia así como el aire de un neumático ponchado, y por lo tanto no llegarás a tu destino final.

Si tú no tienes constantemente un reforzamiento de tus Propósitos Estratégicos y de tu Plan Estratégico con tus colaboradores y das seguimiento a la implementación, la tensión va a perder el "sentido de urgencia" y de energía y tu negocio va a regresar exactamente como era antes o como era usual, sin resolver un problema y con el mismo status Quo que ha estado obstruyendo el funcionamiento de la organización.

La Creación de Tu Estratégia

La creación de tu estrategia es el punto más fino, más determinante y más importante de todo el proceso de Planeación Estratégica TOTAL, aquí es donde comienza a tener sentido y conectar todo el análisis hecho anteriormente por los pasos de Objetivo y Situación.

¿De dónde viene la palabra Estrategia?, deriva del latín *strategĭa* y esta palabra procede a su vez de dos términos griegos los cuales son *stratos* (que significa "ejército") y *agein* (que significa "conductor", o "guía"). Por lo tanto, el significado primario de estrategia es *el proceso de la conducción de un ejército para ganar una guerra o una batalla.*

La estrategia es el planteamiento general de cómo se va a ganar lo que se espera y cuando se espera. Al proceso detallado de las maniobras que se tomarán le llamamos Plan Táctico, por tanto, la estrategia es más general o global que la táctica. Es importante aclarar este punto porque muchas personas piensan que estos dos términos son sinónimos cuando no lo son, primero está la estrategia y luego está la táctica.

Las opciones son tus mejores aliados

Siempre habrá muchas opciones para lograr lo que deseas, ¡SIEMPRE!, lo sabio está en hacer bien el trabajo previo de Objetivo y Situación y verás que podrás venir con una gran cantidad de opciones de cómo lograr lo que deseas en el menor tiempo y con el mejor aprovisionamiento y aprovechamiento de recursos.

"Si fracasas en prepararte estás preparándote para fracasar"

Sun Tzu

Nosotros hemos trabajado con miles de personas aplicando el método de Planeación Estratégica TOTAL y, lo que podemos decirte, es que la pregunta que te plantearemos renglones adelante, es la pregunta más relevante para que puedas planear, elaborar, ejecutar y evaluar la mejor estrategia posible, y esa pregunta que tú deberás de responder es: *¿Cómo lograré lo que quiero o resolveré mi problema estratégico en el menor tiempo y con el mejor uso de recursos?.*

En nuestros seminarios y asesorías especializadas de Planeación Estratégica TOTAL, presentamos una enorme variedad de cómo ésta sencilla, pero profunda y reflexiva pregunta puede ser la más poderosa, y muchas empresas han logrado penetraciones de mercado, utilidades y ventas inimaginables, pero para ejemplificar el poder de esta interrogante, te citamos varios ejemplos de empresas bastante conocidas:

- FORD: Su problema estratégico en algún momento cuando iniciaba fue que debía de competir con el carruaje jalado por caballos que costaba menos, así que se preguntó: *¿Cómo resolveré mi problema estratégico en el menor tiempo y con el mejor uso de recursos?.* y concibió la estrategia de la estandarización de sus operaciones para que, en lugar de contratar artesanos habilidosos, que costaban más y producían menos, estandarizó sus procesos de producción con personal común que le costaba menos y al mismo tiempo que producía más. Con esto logró reducir mucho los costos y que el auto se convirtiera en parte de la "casa americana" por su precio tan accesible y el enorme beneficio que aportaba a las personas.

- DELL: En algún momento su Visualización era ser el proveedor de computadoras número 1 del mundo, así que se preguntó: *¿Cómo lograré lo que quiero en el menor tiempo y con el mejor uso de recursos?*. Y vino con la estrategia de ser el proveedor de equipo de cómputo a la medida que tuviera el mejor precio y el mejor tiempo de respuesta muy por debajo de sus competidores, con una estrategia de venta mediante telemarketing y web en lugar de estar compitiendo en los estantes de las tiendas de autoservicios y con un sofisticado sistema de proveeduría y ensamble que a la fecha no existía tan eficientemente, con esto logró reducir los tiempos de ciclo, los costos, ganarse a los clientes y ser el proveedor de equipos de cómputo con mayor penetración de mercado en el mundo.

- Mary Kay: Su visión es que las amas de casa de su época pudieran ganar su propio dinero para su arreglo personal, verse y sentirse bien en lugar de andar deprimidas solamente en su casa a expensas de lo que su marido les diera de dinero, así que se preguntó: *¿Cómo lograré lo que quiero en el menor tiempo y con el mejor uso de recursos?*. y vino con la estrategia de crear una empresa que les permitiera a las mujeres ganar dos cosas al mismo tiempo, primero el ganar un dinero extra y segundo, la posibilidad de usar y promover productos para verse y sentirse mejor, y con esto logró fundar un imperio multibillonario.

Queremos hacerte notar que nuestra pregunta mágica de Planeación Estratégica TOTAL tiene tres elementos importantes:

- *"Como lograré o resolveré";* Quiere decir que no-hay-opción-de-fallar. Nosotros estamos convencidos que una vez que decidas tu estrategia, entonces seguro vas a lograr lo que deseas, no hay cabida para mediocridades o miedosos, una vez que la estrategia está establecida, entonces todas las personas la siguen de manera efectiva y todas las decisiones se subordinan a la estrategia constituida. Ya decidida la estrategia, su implementación es totalmente autocrática.

- *"En el menor tiempo";* Quiere decir que debemos de tener un "sentido de urgencia", las estrategias que no están marcadas por un ritmo lo suficientemente acelerado están predestinadas al fracaso. Las estrategias son para ganar lo que quieras ganar en el menor tiempo, pues de esta manera logras sorprender al mercado y a tus competidores, de otra forma los competidores te podrán "leer" y con esto anticiparte y poder incluso destruirte.

- *"Con el mejor uso de recursos";* Quiere decir la forma más inteligente de colocar los recursos disponibles (o incluso los no disponibles), no decimos "con el menor" porque muchas batallas y guerras se han perdido por no poner los suficientes recursos para la concreción de la estrategia, pero ¿sabes qué?, también muchas batallas y guerras se han perdido por poner demasiados recursos y terminan sin nada, gastados y destruidos, y también existe el caso de muchas empresas que han logrado cosas increíbles con una mínima o casi ridícula aportación de recursos, ¿moraleja?, debes de hacer el uso más inteligente de todos tus recursos (dinero, humanos, materiales, tecnológicos, maquinaria, relaciones públicas, etc), ¿cómo sabrás si fue inteligente?, fácil, si al final conseguiste lo que querías, y tienes dinero a favor, o bien obtuviste ganancias que aporten claramente a la sobrevivencia de tu organización.

Si hiciste muchas cosas, pero no conseguiste lo que deseabas cuando lo deseabas, te encuentras sin dinero o muy lejos (de verdad) de lograr tu objetivo entonces no fue inteligente.

Choco-Rico

Problema Estratégico:

- No estamos diversificados, dependemos riesgosamente de un par de clientes.

Objetivo Estratégico:

- Diversificar nuestra cartera de clientes, con al menos tres nuevos en el presente año, incrementando nuestra facturación en un 25% generada por estos diferentes consumidores

Estrategia:

¿Cómo resolveremos nuestro problema estratégico en el menor tiempo y con el mejor uso de recursos?.

- Ofreceremos los productos que mejor margen de utilidad nos dejan y los cuales dominamos más en la operación.
- Los vendedores se enfocarán en una selección de recuperación de clientes anteriores y nuevos,

ofreciendo un paquete de concesiones muy rentable para ellos y nosotros.

- Al menos, uno de cada tres clientes, debe ser extranjero para vender con un precio y un margen mayor.

Ejercicio

Con lo que hemos compartido hasta el momento, realiza un ejercicio similar al que hizo Choco-Rico donde hagas la clarificación de tu estrategia.

Puedes también hacer varios ejemplos con la intención de que selecciones aquellos que más te hagan sentido y tengan un mayor retorno económico.

BANDERA ESTRATEGICA

¿Por qué ponerle un nombre a tu estrategia? El darle un nombre a nuestros hijos, implica un lazo afectivo de familiaridad y de identidad. Principalmente de IDENTIDAD. La mayoría de nuestras pertenencias tienen una designación que los identifica del resto. El nombrar nuestra estrategia, tiene esta misma connotación; de pertenencia, de identidad y de familiaridad, que posibilitan un mejor acercamiento a la estrategia y, por consiguiente una familiaridad para con ella y los objetivos que se persiguen.

"Dale un título y entonces lo involucrarás"

—*Morton C Blackwell*

Todas las prácticas que te estamos compartiendo son excelentes y han demostrado su efectividad al integrase en nuestro método de Planeación Estratégica TOTAL. Todas tienen una secuencia lógica y única, pero también deben de realizarse al pie de la letra para que te den mejores resultados; una de las partes fundamentales que en la actualidad han probado dar resultados, es la de nombrar a nuestra estrategia. Este nombre, se convierte en una bandera estratégica que se emplea para enamorar y emocionar a las tropas o a los colaboradores a cumplir su estrategia.

Un nombre da una identidad instantánea y hace más fácil comunicarte contigo y acerca de ti. Invocando tu nombre inmediatamente se levanta todo tipo de asociaciones únicas de quién tu eres. Un nombre es una destilación, es una forma corta, pero muy poderosa para comunicar ideas, emociones, sentimientos, acciones, estrategias, planes y, sobre todo, ánimo, ímpetu y fuerza moral a las tropas para lograr la victoria empresarial. Un título también es un recordatorio de todo lo que ha sucedido, de los esfuerzos que se han hecho y de los logros que se han alcanzado.

> **El objetivo de la Bandera Estratégica es que todas las personas "se enganchen" con ella y "juren lealtad" a la estrategia**

Recuerda por ejemplo a Roger Bannister con su milla de 4 minutos "la cual parecía una barrera infranquiable y casi imposible de ser derrumbada, hasta que alguien tuvo los arrestos necesarios y la firme decisión de derribarla y lo logró."

Para Chris Sordi, el Director General de una compañía enfocada en empréstitos fue *"el préstamo de 15 minutos"* (es decir que las personas iban a olvidar por completo de los prestamos que tomaba un trámite mayor a 40 días y lo redujo a quince minutos para poder ser procesado ese préstamo o ese crédito).

Entonces, estas personas lo que hacen es colocarle un nombre a sus proyecto, de tal manera que todo mundo dentro de la organización puedan entender lo mismo y sentir los mismos sentimientos acerca de una buena estrategia.

Nómbrala y úsala

El título de tu estrategia debe ser una frase de tres o cuatro palabras que describa, de una manera sumamente emocional, memorable, contundente y motivadora a tu estrategia para que todas las personas "se enganchen" con ella y "juren lealtad" a la estrategia, quien es la que guiará su rumbo de acción y de decisión.

Este título, nombre o bandera de la estrategia debe de estar siempre presente e integrarse a todo el material escrito y de comunicación interna, deben repetirlo una y otra vez hasta que todo el mundo se acuerde de él, incluso, hasta cuando las personas no lo crean. Por cierto, la forma en la que tú puedes mantener la atención en la estrategia es mencionando siempre y constantemente este título o bandera estratégica una y otra vez en cada presentación que se pueda.

Choco-Rico

Problema Estratégico:

- No estamos diversificados, dependemos riesgosamente de un par de clientes.

Objetivo Estratégico:

- Diversificar nuestra cartera de clientes, con al menos tres nuevos en el presente año, incrementando nuestra facturación en un 25% generada por estos diferentes consumidores.

Bandera Estratégica:

- Choco-Rico 3:25 "Nueva Vida".

Ejemplos de la vida real

- El proveedor preferido.
- Adquiridos en los próximos 2 años. ***¿?
- Pasar de pasivos a agresivos.
- Despegándonos de nuestros competidores.
- Proveedor de bajo costo.
- 6 millones de m² para los próximos 2 años.
- El más importante en tecnología.
- El mejor lugar para trabajar.
- Contratamos puro personal AAA.
- 5 días de entrega 100% completos.
- Entrega en 15 minutos
- Siempre con los mejores
- Los más rápidos.
- Retorno de la inversión el mismo día.
- El más rápido inventando productos.
- Cero defectos.
- Estado del arte.
- Todos para uno y uno para todos.
- No podemos ser detenidos.
- Los empleados mejor pagados.
- La gente de alta productividad.
- Los colaboradores mejor entrenados.
- Clientes esperando en la puerta.
- Clientes haciendo fila por nuestros productos.
- Colaboradores haciendo fila para contratarse.
- El más rentable de la industria.
- Sin temor.

- En venta.
- En camino a ser empresa pública.
- El ganador lo toma todo.

Ejercicio

Con lo que hemos compartido hasta el momento, realiza un ejercicio similar al que hizo Choco-Rico donde hagas la clarificación de tu Bandera Estratégica.

Puedes también hacer varios ejemplos con la intensión de que selecciones aquellos que más te hagan sentido y tengan un mayor retorno económico.

PASO 4
TÁCTICA

ACCIONES

La Planeación Estratégica TOTAL® es revolucionaria, lleva a las organizaciones no solamente a lograr lo que desean, sino que en la gran mayoría de los casos se logran muchos más beneficios de las originalmente esperadas.

No debes de pelear muy seguido con un solo enemigo, o le estarás enseñando todo tu arte de la guerra"

—*Napoleón Bonaparte*

El progreso estratégico es realizar una vuelta frontal o es llevar la delantera organizacional en todos los campos. El progreso de rutina es el que toda la gente sigue.

Los problemas estratégicos demandan mucho del directivo, exigen bastante del trabajador, pero proporcionan demasiado a los clientes. También solicitan que existan soluciones inventivas e innovadoras, aquellas que nunca se hayan probado antes, con la intención de producir resultados que nunca se hayan logrado antes. Un gran filósofo desconocido alguna vez observo *"si tú siempre haces lo que siempre has hecho, entonces siempre vas a obtener lo que siempre has obtenido"* .

Táctica

Ya hemos comentado anteriormente que primero se define la Estrategia, luego la Bandera Estratégica y posteriormente la Táctica.

La táctica es el método o proceso detallado que ordena eficientemente los recursos para el logro definitivo de la estrategia, por lo tanto, la táctica nos lleva a un nivel de desglose de actividades departamentales pero todas "alineadas" a la estrategia, todas sincronizadas o armonizadas. Digamos que un buen ejemplo es comparar la táctica con la partitura que sigue una orquesta, pues quizá en la orquesta tengas 30 o 50 integrantes, algunos instrumentos se repiten pero algunos sólo están presentes una vez. Algunos tienen una participación mucho mayor que otros que quizá sólo tengan algunos momentos de intervención, sin embargo, todos se encuentran sincronizados por la partitura que están siguiendo, todos saben leer la partitura y son expertos en su instrumento, todos entran, ejecutan y salen en los momentos exactos con singular excelencia y, si hacen todo esto de forma sincronizada, en el momento oportuno, con el tono y la nota adecuada, al final tenemos una hermosa interpretación sinfónica y agradable a nuestro oído. Lo mismo esperamos con la táctica.

> *La táctica es el método o proceso detallado que ordena eficientemente los recursos para el logro definitivo de la estrategia*

Empieza por el final

En las tácticas organizacionales siempre debes de empezar por el final, escribiendo la solución ideal a una situación que no está clara para muchos. Empezar por el final significa tener de manera absolutamente clara lo que se conseguirá al final y cuando es el final; es decir, el tiempo en el que se deberá de lograr lo que se pretende lograr.

Tu objetivo es describir cada uno de los movimientos, acciones o proyectos de una forma en la que sean comprendidos por todos dentro de tu empresa o institución, cuando decimos por todos es ¡POR TODOS!, Un error común es que los ingenieros o licenciados lo escriben de una manera muy hermosa, muy rebuscada, pero que lamentablemente apenas ellos entienden. Y el problema entonces, es que los operadores o los niveles organizacionales inferiores no logran comprender las ideas principales o líneas de acción prioritarias del plan táctico. Es decir, es como si solamente el Director de la orquesta supiera leer la partitura y los demás músicos ignoraran la interpretación y, aún así, se esperara y exigiera un excelente resultado por parte de ellos. Esto es algo estúpido ¿no crees? Bueno, pues esta ejemplificación sucede muy frecuentemente en las empresas e instituciones lamentablemente, así que ¡Evítalo por favor!, tu objetivo es que el lenguaje este perfectamente claro para todos, para que todos le entiendan.

Choco-Rico

Problema Estratégico:

- No estamos diversificados, dependemos riesgosamente de un par de clientes.

Objetivo Estratégico:

- Diversificar nuestra cartera de clientes, con al menos tres nuevos en el presente año, incrementando nuestra facturación en un 25% generada por estos diferentes consumidores.

-

Estrategia: *¿Cómo resolveremos nuestro problema estratégico en el menor tiempo y con el mejor uso de recursos?.*

- Ofreceremos los productos que mejor margen de utilidad nos dejan y que dominamos más en la operación.
- Los vendedores se enfocarán en una selección de recuperación de clientes anteriores y nuevos ofreciendo un paquete de concesiones muy rentable para ellos y nosotros
- Al menos uno de cada tres clientes debe ser extranjero para vender con un precio y un margen mayor.

Táctica:

- Producción
  - o Identificar los productos que más dominamos actualmente
  - o Hacer un plan de acción para que en dichos productos se garantice la mayor eficiencia de operación
  - o Desplegar el plan de acción a los departamentos necesarios para que hagan sus previsiones
- Ventas
  - o Hacer una selección de clientes que incluyan aquellos a los que más nos conviene venderles, los clientes que en el pasado nos

han comprado y que dicha selección sea tanto nacional como internacional

- o Crear un paquete de concesiones que sea muy rentable tanto para nosotros como para ellos
- o Crear las estrategias de ventas que usarán los vendedores para garantizar que los clientes les hagan pedidos por al menos 6 meses de producción. Esto debe de incluir el proceso de Ciclo de Ventas Infinitas que vimos en el curso de Ignius

- Dirección
  - o Abrir una línea de crédito para que soporte los nuevos pedidos de los clientes
  - o Crear un plan de inversión, en caso de ser requerido, por parte de producción

Ejemplos de la vida real

Estrategia: Reducir el tiempo de respuesta en las órdenes.

- Completar todo el trabajo del cliente en menos de 24 horas.
- Comunicar a todos los departamentos relacionados en menos de 48 horas.
- Confirmar los inventarios en menos de 72 horas.
- Enviar en menos de 5 días.
- Facturar en menos de 7 días.
- Recibir los pagos en menos de 30 días.
- Generar las encuestas de satisfacción del cliente en menos de 10 días.

Estrategia: ventas y productividad

- Dos llamadas en frío por día por vendedor.
- Seguimiento a cada llamada en frío en menos de 4 días.
- Desarrollo de un manual de criterio de clientes.
- Identificación de los tomadores de decisiones de los clientes.
- Identificación de los competidores más cercanos y comparación con nuestros productos.

Estrategia: Nuevos productos

- Duplicar el presupuesto de investigación y desarrollo
- Desarrollar un plan estratégico para investigación y desarrollo.
- Formalizar un proceso claro para investigación y desarrollo.
- Identificar 5 nuevos mercados promesas para nuevos productos.
- Desarrollar un test de mercado.
- Unirnos a adquirir una compañía de un 1 millón de dólares a 5 millones de dólares por año. ***¿?
-

Ejercicio

Con lo que hemos compartido hasta el momento, realiza un ejercicio similar al que hizo Choco-Rico donde hagas la clarificación de tu Táctica.

Puedes también hacer varios ejemplos con la intensión de que selecciones aquellos que más te hagan sentido y tengan un mayor retorno económico.

ENFOQUE

La clave para una localización efectiva de recursos reside en la habilidad del enfoque.

> *"La gente cree que el enfoque significa decir SÍ a aquella cosa que has decidido enfocarte, pero eso no es lo que significa de ninguna manera, eso significa decir NO a las otras 100 buenas ideas que están ahí, y que tú debes de escoger cuidadosamente. Yo actualmente estoy orgulloso de muchas cosas que no hemos hecho y de muchas cosas que sí hemos hecho"*
>
> —*Steve Jobs, CEO Apple*

El enfoque demanda la disciplina de colocar recursos en áreas y actividades específicas en lugar de esparcirlas en todo el negocio de una manera más o menos equilibrada.

El enfoque viene de la habilidad y la determinación de hacer intercambios, estos intercambios se logran hacer efectivamente a través de "escoger un camino en lugar de otro" y ellos involucran actividades que muchas veces son incompatibles, más de alguna cosa necesita más enfoque que alguna otra.

En la gran mayoría de las industrias puedes escoger ser el líder en investigación y desarrollo de nuevos productos o el líder en proveer bienes de bajo costo, pero muy difícilmente puedes hacer ambas sin evitar que tu sistema general o tu empresa caiga en ineficiencias.

El enfoque demanda la disciplina de colocar recursos en áreas y actividades especificas en lugar de esparcirlas en todo el negocio de una manera más o menos equilibrada

La estrategia es mucho acerca de "qué escoges no hacer y acerca de qué escoges hacer", el enfoque requiere que tú hagas intercambios y estos intercambios demandan riesgo. Aquellos líderes que no están dispuestos a tomar este tipo de riesgos nunca podrán llegar al tope de una estrategia bien realizada.

Hay dos grupos de preguntas que te pueden ayudar a hacer algunos intercambios necesarios para enfocar tus recursos, aquí está el primer grupo de preguntas:

- ¿Nosotros a quién estamos sirviendo?
- ¿Nosotros qué estamos ofreciendo?
- ¿Nosotros cómo ofrecemos lo que ofrecemos?

La gran mayoría de los gerentes hacen un trabajo relativamente bueno al responder este grupo inicial de preguntas, pero muchos otros como quiera que sea, se detienen de una manera cuidadosa y toman en cuenta otro tipo de cuestionamientos como estos que te presentamos que pertenecen al segundo grupo y las cuales son:

- ¿A qué clientes potenciales nosotros decidimos no servir?
- ¿Qué es lo que no estaremos ofreciendo?
- ¿Cómo es que no lo estaremos ofreciendo?

El mayor error que muchos negocios hacen es mantener en marcha recursos que no son productivos, la mayor esencia de la estrategia es identificar las actividades más productivas y poner todos los recursos disponibles tras de ellas.

El antiguo CEO de eBay Meg Whitman hace eco en esos sentimientos al decir: "La estrategia de eBay es mucho más acerca del arte de la exclusión como lo es en el arte de decir qué hacer, nosotros somos bendecidos con una cantidad inimaginable de grandes ideas que nosotros pudiéramos perseguir, pero yo soy un gran creyente del enfoque, vamos a hacer 6 u 8 cosas al 100% en lugar de hacer 20 cosas al 60 o 70%".

Actividades Operativas Vs Actividades Estratégicas

Luchar con el oleaje diario de correos electrónicos, correo de voz, reuniones, traslados, juntas, juntitas, juntotas, presentaciones, preparación de presentaciones, cancelación de reuniones, radio pasillo, y otro tipo de movimientos nos pueden dejar inclusive sin aliento.

Las actividades estratégicas son aquellas que claramente te llevarán a un lugar diferente y que con las cuales podrás obtener un resultados totalmente diferentes

Sobresaturados con el tsunami de movimiento, es común reaccionar como cualquier persona que se estuviese defendiendo de cualquier amenaza en la selva. Las acciones a nivel de los individuos empiezan con la disciplina de enfocarse en lo importante y no encauzarse en lo urgente.

Teniendo una forma exitosa de navegar a través de estas dos tipos de actividades, tú podrás lograr un enfoque mayor de trabajo en las actividades estratégicas en lugar de estar trabajando siempre dentro de las actividades operativas (recuerda que las actividades operativas no son, ni cercanamente, parecidas a las actividades estratégicas; las actividades estratégicas son aquellas que claramente te llevarán a un lugar diferente y que con las cuales podrás obtener resultados totalmente positivos y diferentes que con las actividades operativas) así que tú tienes que aplicar el principio de disciplina totalmente dentro de tu organización.

Algunas veces asumimos que una vez que hemos establecido un programa estratégico la ejecución se va a llevar a cabo por sí misma, las investigaciones indican otra cosa, una encuesta aplidada a más de 400 compañías muestran que el 49% de los líderes de negocios reportan una brecha entre las habilidades de su organización y particularmente en su actividades estratégicas y su efectividad en la ejecución de esa visión. Adicionalmente el 64% de los ejecutivos no creen que sus organizaciones tengan las habilidades de cerrar esta brecha. Otro estudio conducido por la revista de la Inteligencia del Economista, encontró que el 57% de las firmas no fueron exitosas al ejecutar las actividades estratégicas en los últimos tres años.

Como quiera que sea, es importante que entendamos el concepto de ejecución estratégica, especialmente los errores y las herramientas para fortalecer la disciplina organizacional que dramáticamente puede incrementar la oportunidad de éxito dentro de tu compañía.

250

PASO 5
MONITOREO

Ana Godínez / Gustavo Hernández

253

EL EMPERADOR OBSERVABA DESDE UN ALTO BALCÓN TODA LA ESCENA, SEGURO DEL FRACASO DE SUN TZU.

CUANDO AL SONIDO DE LOS TAMBORES ORDENE "ADELANTE", VUESTROS OJOS DEBERÁN MIRAR AL FRENTE...

CUANDO DIGA "IZQUIERDA", VOLVEOS HACIA VUESTRA MANO IZQUIERDA...

SUN TZU CONFIADO EN LO QUE CREÍA, DIO CLARAS INSTRUCCIONES A LAS MUJERES...

¡ADELANTE!

PERO LA RESPUESTA DE LAS MUJERES FUE ECHARSE A REÍR...

¡¡JAJAJA JAJA!!

SI LAS INSTRUCCIONES Y VOCES DE MANDO NO SON CLARAS Y CONCRETAS...

...ENTONCES LA CULPA ES DEL GENERAL.

Planeación Estratégica TOTAL®

256

Ana Godínez / Gustavo Hernández

257

EJECUCIÓN ESTRATÉGICA

La Ejecución Estratégica es lo que conduce a las victorias pues, de otra manera, la planeación no sucederá por sí misma en ninguno de los casos.

"Aquella gente a la que hay que temerle de verdad no son aquellos que te muestran su desacuerdo contigo, sino a aquellos que no están de acuerdo contigo y que cobardemente no te lo dicen"

—*Napoleón Bonaparte*

La Ejecución Estratégica muchas veces se subestima porque no incluye una junta atractiva en un hotel Resort, en un destino turístico, o no es tan espectacular como el lanzamiento de un nuevo producto. La Ejecución Estratégica te invita a enrollarte las mangas de la camisa y ponerte la camiseta del equipo para trabajar hombro a hombro, te motiva a profundizar en los detalles y de trabajar en las actividades estratégicas día a día de acuerdo a como el plan está programado. Esto es lo que alimenta de oxígeno a la planeación estratégica, el de realizar cada una de las actividades estratégicas bien y a la primera, cuando está programado y que tome el tiempo acordado. Sin una buena ejecución lo único que queda es una planeación estratégica estéril y muerta.

Los 5 errores más comunes en la Ejecución Estratégica y cómo eliminarlos.

Existen 5 errores comunes en la ejecución estratégica:

- Estrategia defectuosa
- Requerimientos de recursos que no son claros
- Una pobre comunicación
- Una débil rendición de cuentas
- Falta de calibración

Vamos a analizar cada uno a detalle junto con sus correspondientes recomendaciones.

ERROR Nº 1. Estrategia Defectuosa:

Si entra basura sale basura. Antes de que uno pueda ser exitoso en ejecutar la estrategia, debemos considerar lo siguiente; una buena estrategia debe ser desarrollada para tener claridad hacia donde se alinearán los esfuezos de las diferentes áreas de la empresa. Algunos ejecutivos se burlan y dicen que desarrollar una estrategia es la parte fácil, pero ejecutar la estrategia es la parte difícil. Pues déjenme decirles que están demasiado equivocados, ya que existen ejemplos de organizaciones tanto pequeñas, como millonarias y multimillonarias que no dejan de aparecer en un lista de fracasos y de errores, al basarse en estrategias que fueron bien ejecutadas pero fueron muy malas o muy pobres en la Estrategia, ya que no tomaron en cuenta:

"innovación, expansión internacional y atracción y rotación del talento".

Recomendación: recuerda los ABC de lo que NO es la estrategia (aspiración, mejores prácticas y precaución).

ERROR N° 2. Requerimientos de recursos no claros:

Hay sólo un paso entre el desarrollo de la estrategia y la ejecución estratégica que puede ser fácilmente perdido de vista, si lo pierdes de vista el resultado puede ser fatal, incluso para las mejores estrategias y este paso es el establecimiento de objetivos claros y medibles para que los recursos tangibles e intangibles y humanos estén adecuadamente distribuídos, pues son necesarios para llevar a cabo la estrategia desde el inicio hasta su fin.

¿Qué tan seguido los Gerentes se sientan y detenidamente examinan exactamente lo que van a requerir para que su estrategia se pueda seguir moviendo y se pueda alimentar de recursos en la cantidad y calidad necesaria? Bueno, pues lo que hemos observado y la experiencia que hemos adquirido, nos indica que son muy pocos los gerentes se sientan a examinar detenidamente cuántos recursos se van a requerir, cuándo se van a requerir, quién los va a requerir, cómo lo va a requerir y en qué manera deben de ser entregados, lo cual logra que la estrategia tenga muchos problemas y dificultades de poder seguir adelante y en una gran mayoría de los casos las organizaciones dejan de seguir estrategias simplemente porque es muy difícil, lo cual es un error, pues no fue difícil definir y establecer la estrategia lo que fue difícil fue el abastecimiento adecuado de recursos.

Recomendación: lo que debes de hacer es tener un plan de trabajo clave y especificado en donde tú puedas definir y calendarizar los recursos que se van a ocupar, cuándo se van a ocupar, quién los va a ocupar y de qué manera necesitan que sean entregados, de esta forma se evitará que las personas tengan problemas al ejecutar bien su estrategia.

ERROR Nº3. Una pobre comunicación:

Una investigación de la escuela de Negocios de Harvard ha mostrado que un promedio de 95% de los empleados de las compañías no están consientes o no entienden la estrategia. Esto es como si 10 de los 11 jugadores de un equipo de futbol no conocieran las jugadas que tienen que hacer y simplemente todos los jugadores corren detrás de la pelota haciendo lo mejor que pueden sin saber y sin comunicarse uno con otro, los resultados serían desastrosos y claro, esto lo hemos visto también en un sinnúmero de compañías donde los resultados son desastrosos y esto, es precisamente porque hay una pobre o una deficiente comunicación de la estrategia y del equipo.

Por darte un ejemplo: En la liga de futbol americano los coaches invierten miles de horas al año perfeccionando la ejecución estratégica de las jugadas y comunicando sus estrategias a sus jugadores, ahora yo quiero preguntarte, el año pasado qué tanto tiempo tu organización devotamente se dedicó a entrenar y a perfeccionar cada una de las estrategias junto con sus empleados para que estos tengan un entendimiento total y absoluto de la estrategia y de su rol al momento de ejecutarla.

Quizá el mayor problema de comunicación es la falla de los líderes de la organización en todos los niveles al momento de explicar la estrategia con cada grupo de trabajadores y asegurar que ellos entiendan la explicación y comprendan las intenciones. Esta falta de comunicación o deficiente exposición, lo que provoca es que muy pocas personas entiendan a qué se refieren con estrategia, cuáles son los movimientos que van a realizar, cómo los van a ejecutar y qué es realmente lo que esperan de cada persona. Alrededor de la ejecución estratégica, sólo 77% de los ejecutivos concuerdan con la siguiente frase "Nosotros somos buenos en la comunicación de nuestra estrategia con la gente en todos los niveles en nuestra organización".

Recomendación: La pobre comunicación es un resultado tanto de la notificación inefectiva como de la información no frecuente. Ten una clara estrategia y comunícala seguido a todos los niveles.

Fred Smith el Chairman, CEO y Presidente de Fedex, recomienda lo siguiente "Una vez que hemos ya creado la estrategia como equipo directivo, nosotros la comunicamos en diferentes formas de que podemos pensar o como pueden pensar los que la van a llevar a cabo, como la ponemos en los cuadernos de notas de nuestros colaboradores nosotros ajustamos nuestros planes de negocios a ella, nosotros ajustamos nuestros planes de incentivos, nosotros nos aseguramos que nuestros empleados entiendan lo que queremos hacer y cómo lo vamos hacer".

ERROR N°4. *Debilidad en la rendición de cuentas:*

La rendición de cuentas, especialmente en organizaciones grandes, es algo que frecuentemente se deja de observar o se hace muy flexible, hoy en día es más fácil el mover al personal de un lugar a otro, de un departamento a otro, o de un puesto a otro en lugar de despedirlos, ya sea por los problemas legales o porque las personas se tientan mucho el corazón y aquí es donde se complican mucho las cosas, puesto que las personas saben que si no rinde cuentas o que si rinde cuentas que no son positivas, de todas maneras no le va a pasar nada y siempre va estar seguro, por lo tanto la seguridad laboral es un grave problema.

La rendición de cuentas debe de ser clara, debe de ser a tiempo, debe de ser al 100% y debe de contener un factor de incomodidad para las personas, pues saben que si rinden cuentas y las cuentas no están bien entonces va a haber grandes consecuencias.

Recomendación: Crea un formato de rendición de cuentas que esté claro para todo mundo y que todo mundo lo conozca con anticipación, de esta manera las personas podrán hacer acciones desde antes para asegurar que van a llegar a las cuentas que la organización les está pidiendo y puedan anticipar acciones o decisiones a favor de tener una rendición de cuentas totalmente positivas.

ERROR Nº5. Falta de calibración:

Aquí te va una noticia de última hora: "La gran mayoría de los planes estratégicos no resultan de la forma como son planeados" ¿qué quiero decirte con esto? Quiero poner en tu mente que las tendencias de los mercados cambian, los valores predominantes de los clientes cambian y los competidores también están cambiando constantemente, todos ellos son factores potenciales que pueden modificar el curso de tu estrategia, por lo tanto, es indispensable que tengas una forma de monitorear constantemente el pulso o el contexto dentro de tu organización para saber qué está pasando, no sólo dentro de tu organización si no también fuera de tu organización, y de esta manera, puedas anticipar y adaptarte a los cambios de una manera eficiente. Algunas veces tendrás que acelerar algunos cambios, otras veces, tendrás que eliminar algunas acciones estratégicas que estaban previamente planeadas.

Es por esto que nosotros no recomendamos que hagas una reunión estratégica cada año, sino que los indicadores estratégicos sean los que estén monitoreando y los que estén dándote ese pulso de tu organización y también tengas tus indicadores estratégicos para tus clientes, para tu mercado, para tus proveedores y que no hagas tus reuniones estratégicas cada año, porque puede ser muy tarde. En lugar de esto, hazlas cada bimestre, cada trimestre, o mejor aún, realiza tus reuniones en el momento que los indicadores muestren modificación sustancial que pueda influir en los procesos y resultados de tu organizacón, con lo cual podrás tener una actualización constante y más adecuada de lo que va ocurriendo en el entorno y de tu organización. Nosotros necesitamos que exista una calibración adecuada en una bases regulares.

Barreras que obstaculizan el que una estrategia se lleve a cabo.

Actualmente se han hecho cientos de estudios sobre lo que ha obstaculizando a las empresas, tanto grandes como pequeñas, para lograr su estrategia y alcanzar mejores resultados y aquí te voy a enlistar, en orden de criticidad, lo que en general los estudios están encontrando en las diferentes industrias y disímiles tamaños de empresas como barreras para logra la estrategia:

- Enfoque en objetivos de corto tiempo 80%.

- Un lenguaje no adecuado y procesos deficientes para lograr la estrategia 73%.
- Falta de habilidades estratégica en los gerentes 66%.
- Cultura que no soporta la comunicación basada en datos 66%.
- Pobre localización de recursos para la estrategia 53%.
- Una toma de decisiones lenta y muy burocrática 53%.
- Una pobre capacidad de enfoque a las actividades estratégicas 47%.
- Falta de rendición de cuentas hacia la estrategia 33%.

Signos Vitales

Imagínate manejando alrededor del país sin un mapa, sin señales del camino o de las carreteras, sin paneles de control en tu vehículo, imagínate un piloto volando alrededor del país sin un medidor de combustible, de velocidad de crucero, sin un altímetro o un localizador.

"Si no lo puedes medir, tú no lo puedes administrar"

—*George Odiorne*

Ahora imagínate dirigiendo tu problema estratégico sin ninguna forma de medición, sin ninguna auditoría, sin consecuencias, sin ningún rastreo y sin ningún ajuste al progreso del plan y a su desempeño. Esto se llama "volar a ciegas". ¡Buena suerte! Tú la vas a necesitar porque de seguir así te ¡vas a matar!.

Los signos vitales son, por definición, aquellos que monitorean el progreso de tu plan estratégico. Los signos vitales te señalizarán a ti y a tus colegas cómo está avanzando este proyecto y te indicarán las acciones correctivas que sean necesarias, cualquiera que ellas sean o se necesiten y te las indican a tiempo para que puedas "maniobrar" tu plan estratégico y hacer los ajustes necesarios, porque sólo hay una posibilidad dentro del método de Planeación Estratégica TOTAL: Lograr los objetivos de tu plan estratégico.

Lo que se mide se puede hacer

Si tú quieres cambiar algo tú debes poder medirlo, lo que es medido toma atención y se realiza; lo que no es medido tiende a ser ignorado. Lo que se mide señala e identifica los valores de la compañía o de la administración.

Considera al Director General que pregona, sin parar, acerca de la moral de los empleados y el servicio del cliente, pero solamente mide las finanzas, sin importar lo que digan o comenten los empleados y el cliente, ¿está siendo congruente?.

La retroalimentación soporta el cambio de comportamiento de los colaboradores, el logro de cualquier estrategia demanda altos niveles de desempeño creados para elevar o modificar los niveles de comportamiento.

¿Cuáles son las mediciones que importan?

Las únicas mediciones que son más importantes son aquellas que refuerzan el logro de los resultados visualizados para el problema. Son por tanto, aquellas que garantizan primero la sobrevivencia y luego el desarrollo de la organización.

Evita a toda costa llenarte de información inútil y siempre mantén tu tablero de control tan simple como te sea posible.

Nosotros te pedimos que selecciones no más de cuatro signos vitales, con la cual puedas medir el 80% de la sobrevivencia y desarrollo de tu organización. La áreas de signos vitales clave dentro del método de Planeación Estratégica TOTAL son:

- Un indicador de Expansión
- Un indicador de Ganancias, y
- Un indicador de Calidad o Satisfacción del cliente.

En muchas organizaciones podrá haber decenas o incluso cientos de indicadores, aquí los que nos interesan son los tres o cuatro que son los verdaderamente más importantes para la sobrevivencia y desarrollo de la empresa o institución.

Por cierto, cada persona en el equipo de implementación debe saber estos números desde el corazón y saber cómo ellos son generados, cómo son medidos y cómo es que se relacionan a la visión general y a su logro particular, además de su logro en equipo.

Lo que es medido toma atención y se realiza; lo que no es medido tiende a ser ignorado.

Si tú no has hecho nada hasta ahora, tú debes empezar a hacer las cosas correctamente y regresar a cada uno de los pasos que no hayas hecho adecuadamente para que siempre tengas medidas numéricas y una forma de control de las acciones planeadas.

Siempre debe de haber medidas cuantitativas y no cualitativas, incluso esto está demasiado loco porque si tú solamente tienes medidas cualitativas, entonces no vas a poder tener algo contundente con qué demostrar a las personas que no están llegando a los objetivos, metas y estrategias de su plan estratégico y por lo tanto van a fracasar.

Las generalizaciones son el anuncio de una muerte próxima.

Puede haber algo de confort temporal en la generalización de tus intenciones estratégicas:

- Nosotros necesitamos eliminar errores.
- Nosotros requerimos un mejor trabajo en equipo
- Nosotros queremos ser más productivos
- Nosotros necesitamos mejorar nuestro servicio al cliente
- Nosotros necesitamos mejorar a nuestros empleados.
- Nosotros necesitamos mejor liderazgo
- Nosotros requerimos urgentemente de una mejor comunicación
- Nosotros carecemos de una entrega y compromiso total

Pero estas generalizaciones van a regresar a cazarte o a espantarte cuando las interpretaciones vayan tan amplias y tan lejos de lo que tú en realidad querías decir.

Cuando tú acompañas las generalizaciones con los números, entonces la soga se pone un poco más tensa en el cuello del autor y de sus colaboradores en término de especificidad, compromiso y rendición de cuentas.

Cuando tú acompañas las generalizaciones con los números, entonces la soga se pone un poco más tensa en el cuello del autor y de sus colaboradores en término de especificidad, compromiso y rendición de cuentas. Quizá esto no te guste o no le guste a mucho de tu personal, pero ¿sabes una cosa?, ¡Funciona!, y si no lo haces, no importando la elaborada justificación que nos ofrezcas, entonces estás siendo cómplice del fracaso de tu estrategia, y posiblemente del fracaso de tu compañía.

John F. Kennedy redujo la generalización de recapturar el liderazgo del espacio y quitárselo a los soviéticos por una meta bastante especifica que fue: *"Quiero colocar a un americano en la luna para el final de la década"*. La meta generó todo tipo de metas o de sub-metas especificas en relación a la tecnología de computación, aeroespacial, viajes espaciales y demás. Él puso a su país y a sí mismo dentro de las noticias y fue el spot o el punto a seguir durante muchos años, incluso hasta ahora, porque lo hizo público y ahora el mundo sabría si los Estados Unidos iban a ser exitosos o iban a fracasar en sus intenciones estratégicas. Muchos empresarios o directores son muy cuidadosos o sigilosos de no "publicar" sus estrategias o intenciones estratégicas para que "en caso de fracaso" pues se enteren las menos personas posibles y "no quedar mal", por supuesto que esto es algo muy estúpido, porque se antepone la reputación de la persona antes que la sobrevivencia y desarrollo de la compañía.

Choco-Rico

Problema Estratégico:

- No estamos diversificados, dependemos riesgosamente de un par de clientes.

Objetivo Estratégico:

- Diversificar nuestra cartera de clientes, con al menos tres nuevos en el presente año, incrementando nuestra facturación en un 25% generada por estos diferentes consumidores.

Estrategia: *¿Cómo resolveremos nuestro problema estratégico en el menor tiempo y con el mejor uso de recursos?.*

- Ofreceremos los productos que mejor margen de utilidad nos dejan y los cuales dominamos más en la operación.
- Los vendedores se enfocarán en una selección de recuperación de clientes anteriores y nuevos ofreciendo un paquete de concesiones muy rentable para ellos y nosotros
- Al menos uno de cada tres clientes debe ser extranjero para vender con un precio y un margen mayor.

Signos Vitales:

- Ventas totales ($)
- Diversificación de Clientes (%)
- Utilidades después de impuestos (%)
- Entrega a tiempo (%)

Ejemplos de la vida real

Una buena estrategia que muchas organizaciones aplican y les da un muy buen resultado es el integrar los elementos fundamentales para la sobrevivencia y desarrollo de la organización, haciendo cuatro Grupos de Indicadores Principales o GIP y, de ahí, desprendiendo dos indicadores por cada GIP. Para que comprendas la importancia de esta estrategia te haremos una analogía de cada uno de los GIP con el cuerpo humano:

- El Personal, gracias a él la compañía opera, son el corazón y el cuerpo humano per se.
- Los Clientes, gracias a ellos la compañía vive, su dinero es como la sangre al cuerpo humano
- La Visión, gracias a ella el cuerpo humano tiene un propósito para vivir
- Otros Beneficiarios, son como los órganos internos del cuerpo humano, sin ellos hay anomalías, enfermedades y muerte.

Indicadores de: PERSONAL O VALORES

- Indicador:
- satisfacción en el trabajo.
- Mediciones:
- encuestas de actitud,
- rotación del personal,
- productividad,
- actividad voluntaria,
- porcentaje interno de promoción.
- Indicador:
- innovación.
- Medición:
- flujo de sugerencias para la mejora del trabajo,
- nuevos productos o programas innovados,
- riesgos tomados,
- tiempo de implementación de las nuevas ideas,

- tiempo de ideas que no han servido contra las ideas que si han servido,
- porcentaje de utilidades en nuevos productos.
- Indicador:
- trabajo en equipo.
- Mediciones:
- indicaciones o asesorías,
- flujo de información,
- experiencia interdepartamental
- señales de interdependencia o cooperación.
- Indicador:
- integridad.
- Medición:
- rapidez para confesar los errores o las fallas,
- número de lecciones aprendidas y compartidas,
- administración abierta, cálida y comunicativa.

Indicadores de: CLIENTE

- Indicador:
- rentable.
- Medición:
- los márgenes de utilidades medidos,
- desempeño de la compañía contra el desempeño promedio de la industria,
- participación de los diferentes productos en la organización,
- conciencia de los empleados acerca de cómo la compañía pierde o gana dinero.
- Indicador:
- competitividad.
- Medición:

- tendencia de penetración del mercado,
- comparación de nuestro mercado contra nuestros competidores en productos y servicios,
- investigación de nuestros clientes actuales y focus groups,
- indicador de crecimiento,
- medición del porcentaje de utilidades en los nuevos productos,
- porcentaje de utilidades en los productos expandidos,
- adquisiciones,
- actividad de investigación y desarrollo,
- plan de sucesión para posiciones claves.
- Indicador:
- servicio al cliente.
- Medición:
- tiempo de respuesta para órdenes,
- tiempo de respuesta para facturación,
- aseguramiento de calidad,
- ejecución de garantías,
- plan de servicio al cliente,
- Cierre y evaluación de los compromisos en las reuniones.

Indicadores de: VISIÓN

- Indicador:
- productividad.
- Medición:
- la comparación de la productividad respecto a las normas o los líderes,
- identificación de metas de productividad,
- entrenamiento apropiado,

- sistemas y reportamiento,
- incentivos.
- Beneficio a Clientes
- Indicador:
- satisfacción de clientes.
- Medición:
- porcentaje de la satisfacción del cliente,
- grupos de enfoque,
- compras repetitivas,
- lealtad,
- antigüedad de los clientes,
- testimonio de los clientes,
- referencias del porcentaje de los negocios y número de quejas.
- Indicador:
- retorno de la inversión.
- Medición:
- precios,
- porcentaje de calidad,
- productos o servicios adicionales ofrecidos,
- un mejor plan de rentabilidad.

Indicadores de: OTROS BENEFICIARIOS

- Indicador:
- empleados.
- Medición:
- avance en su programa de carrera,
- incremento de bonos,
- incremento de la moral,

- incremento de la productividad,
- tiempo ocioso y tiempo extra.
- Indicador:
- Dueño.
- Medición:
- mejor roi, ***¿?
- mayor tiempo de permanecia de la compañía en el mercado,
- adquisiciones,
- fusiones o posibilidades de ventas.
- Indicador:
- proveedores.
- Medición:
- ventas adicionales,
- mejores márgenes de utilidad,
- asociación tanto como sea posible,
- eficiencia en la entrega.
- Indicador:
- sindicatos.
- Medición:
- decrecimiento de los despidos temporales,
- participación en las utilidades,
- actuar como socios de la compañía,
- incrementar el número de afiliaciones al sindicato,
- incrementar miembros beneficiados.

Ejercicio

Con lo que hemos compartido hasta el momento, realiza un ejercicio similar al que hizo Choco-Rico donde hagas la clarificación de tus Signos Vitales.

Puedes también hacer varios ejemplos con la intensión de que selecciones aquellos que más te hagan sentido y tengan un mayor retorno económico.

CUANTIFICACIONES Y CONSECUENCIAS

La cuantificación elimina la incertidumbre acerca de las decisiones estratégicas.

> *Mientras más especifico y cuantificable sea su meta más rápidamente tú serás capaz de identificar, localizar, crear e implementar el uso de fuerza necesaria para su logro.*
>
> *Charles J Givens.*

A medida que el plan sea medible y cuantificable, vas a poder tener un mejor control de las acciones y resultados, a menos de que existan consecuencias personales para los implementadores y responsables otras prioridades demandarán y tomarán la atención del grupo y de las personas.

La cuantificación y consecuencias dan vida al plan estratégico y haciéndolo, dan nacimiento a algo más grande que a ti mismo. Tú no guíes el plan, el plan te guiará a ti.

Si tú no lo cuantificas no te importa

Cuantificación es el detector verdadero de tus intenciones, cuando la Unión Soviética lanzó el Sputnik, los Estados Unidos entraron en choque inmediatamente. El Presidente molesto indicó su aparente plan estratégico, el cual fue: *"Nosotros debemos de volver a posicionarnos y ganar y liderar la carrera del espacio"* todo mundo accedió a esta generalización estratégica pero hubo muchísimas implementaciones acerca de lo que la carrera del espacio significaba

La cuantificación en una meta, acción, proyecto o decisión estratégica elimina las bases del debate en "el por qué" algo debe de ser hecho y la transforma en "cómo debe de ser hecho",

Hasta que el presidente John F. Kennedy cuantificó la estrategia espacial, indicando: "una jornada de 500 mil millas dentro del espacio liderada hacia la luna y regresando sanos y salvo a la tierra será implementada para antes del final de esta década" Inmediatamente él tradujo el propósito, la intención en resultados y su visión en realidad. A partir de esos millones de horas hombres y billones de dólares tuvieron un solo objetivo, no hubo más confusión en la mente de nadie y por lo tanto fue constituido y creado el liderazgo espacial de los americanos gracias a esta definición cuantificada de planeación estratégica.

¿Cómo no por qué?

Especificidad y cuantificación en una meta, acción, proyecto o decisión estratégica elimina las bases del debate en "el por qué" algo debe de ser hecho y la transforma en "cómo debe de ser hecho", con esto, las personas y organizaciones tienen increíblemente más claras las cosas, pierden menos tiempo, gastan menos recursos y por lo tanto obtienen mejores resultados en menor tiempo.

Por ejemplo, con la estrategia de la carrera espacial, el presidente Kennedy articuló una estrategia específica *"el hombre en la luna en 10 años máximo"* el debate terminó y la gente enfocó sus esfuerzos en hacer esto posible

El tímido, el incierto o el vago, siempre se refugian en objetivos no cuantificados, por ejemplo "nosotros vamos a crecer", "nosotros vamos a liderar", "nosotros seremos los mejores", "nosotros lo haremos mejor",

> *Es lo más ingenuo y mal entendido de la naturaleza humana el asumir que, todos y cada una de las personas que dependen de ti en la implementación de tu plan están tan motivadas como tú lo estás*

"nosotros seremos más rápidos", "a nosotros nos importará", "nosotros excederemos las expectativas", "nosotros reduciremos los gastos", "nosotros seremos divertidos", "nosotros seremos un equipo", "nosotros seremos familia". Siempre detrás de una persona que habla de manera tímida, vaga, incierta o con generalidades, existen uno o varios de estos elementos:

- Desconocimiento: "no sabía que habría que cuantificar las cosas", sucede en el menor de los casos y muchas veces como "escudo" o justificación
- Miedo: porque de no cumplirse habrá consecuencias no deseadas para él, o bien, no sabe cómo cumplir la meta, o tantas cosas que le dan miedo y que le evitan hablar en términos cuantificables.
- Intereses ocultos: Es el peor de todos, porque estas personas tienen una "agenda o intereses ocultos" que no

quieren que se descubran o que ganarán algo dejando las cosas vagas o ambiguas.

Tú puedes elegir entre dejar todas esas intenciones de manera vaga, ambigua o interpretativa y al final lograr que nada de eso se cumpla a pesar del mayor esfuerzo, desvelos, divorcios, enojos de todos los compañeros que están trabajando ahí o puedes convertir estas intenciones en metas cuantificables, donde a todos les quede absolutamente claro qué lograr, cuánto obtener de eso y para cuándo conseguir eso, algunos ejemplos son los siguientes:

- Incrementar la ventas en un 500% en tres años.
- Obtener un 35% de penetración de mercado para dentro de dos años.
- Incrementar un 15% de utilidades antes de impuestos, año con año, durante los próximos cuatro años.
- Tener un 100% de satisfacción del cliente para máximo en seis meses.
- Completar todas las órdenes en menos de veinticuatro horas a partir del próximo inicio de trimestre.
- Tener cero defectos en impresiones en un máximo de ocho meses.
- Incrementar la productividad un 15% dentro de los próximos dieciocho meses.
- Reducir los gastos un 12% para cuando termine el año.
- Lograr un 99% de la satisfacción de los colaboradores para la próxima evaluación del desempeño.
- Reducir la rotación del personal en un 50% dentro de los próximos dos años.

- Tener lista de espera de al menos veinticinco candidatos para hacer colaboradores dentro de los próximos seis meses.

Armoniza tus intenciones

En lo más ingenuo y mal entendido de la naturaleza humana el asumir que todos y cada una de las personas que dependen de ti, en la implementación de tu plan, están tan motivadas como tú lo estás, pero tú puedes defender el derecho y asumir de que todos están motivados por su propio éxito.

Ligar el éxito personal al éxito de un proyecto (lo cual se conoce como la Rendición de Cuentas) es absolutamente vital y por eso nosotros diremos a la rendición de cuentas "el Factor de Vómito", pero también es sumamente importante que si las personas hicieron un excelente trabajo y lograron lo que debían de lograr, cuando lo debían de lograr y de la manera como la debían de lograr, reciban una consecuencia positiva y a esto le llamaremos "Factor Wow".

El Factor de Vómito

El Factor de Vomito son consecuencias muy difíciles de ignorar para completar un proyecto y acarrean penalidades significativas para la vida laboral de los responsables de las actividades estratégicas. Lo más importante no es definir los Factores de Vómito, sino el llevar a cabo dichas consecuencias o penalizaciones, aquí es en donde a muchos líderes o gerentes *"les tiembla la mano" o se escudan en ser "humanitarios" para justificar la no implementación de los Factores de Vómito acordados, lo único que están haciendo claramente es mandando el siguiente mensaje a toda la organización: "Señores, aquí si no cumples lo que acordamos no pasará nada, no te preocupes, no habrá consecuencias, es preferible que este barco se hunda con todos nosotros juntos, como hermanos adentro del barco y, todos sucumbamos, pero no habrá consecuencias, así que señores, todos a hacer como que somos responsables de nuestras actividades"*, ¿este es el mensaje que quieres enviar?, no lo creo.

Apenas arribó al Nuevo Mundo, Cortés quemó sus naves dándoles a sus hombres ninguna alternativa de regresar, así que sus hombres o peleaban, o morían en el intento.

Ligar el éxito personal de cada uno de tus colaboradores a los resultados del éxito corporativo es fácilmente conseguido a través de ligar las consecuencias a los resultados estratégicos.

El *Factor Wow*

Los Factores Wow son consecuencias también muy difíciles de ignorar para completar un proyecto o actividad y acarrean entusiasmo, compromiso y pasión por querer lograr el proyecto o actividad en el tiempo acordado y con la calidad convenida.

En Planeación Estratégica TOTAL queremos que las personas se sientan bien motivadas, pero que no se convierta en el "estándar" y que cuando no exista un Factor Wow entonces tampoco exista compromiso o sentido de urgencia por lograr las cosas.

Tienes que implementar efectivamente tanto los Factores de Vómito como los Factores Wow para que el Status Quo sea modificado, pero ¡debe de pasar algo!, debe de cambiar algo, debe de existir una metamorfosis organizacional. Recuerda que las tareas operativas son muy diferentes a las tareas estratégicas y no queremos que tu estrategia pase desapercibida, de hecho, queremos que sea un gran evento, queremos que sea el evento más importante para la compañía, por ningún motivo debe de confundirse la planeación estratégica con la operación diaria.

Choco-Rico

Problema Estratégico:

- No estamos diversificados, dependemos riesgosamente de un par de clientes.

Objetivo Estratégico:

- Diversificar nuestra cartera de clientes, con al menos tres nuevos en el presente año, incrementando nuestra facturación en un 25% generada por estos diferentes consumidores

Estrategia: *¿Cómo resolveremos nuestro problema estratégico en el menor tiempo y con el mejor uso de recursos?.*

- Ofreceremos los productos que mejor margen de utilidad nos dejan y los cuales dominamos más en la operación.
- Los vendedores se enfocarán en una selección de recuperación de clientes anteriores y nuevos ofreciendo un paquete de concesiones muy rentable para ellos y nosotros
- Al menos uno de cada tres clientes debe ser extranjero para vender con un precio y un margen mayor.

Factor de Vómito

- Todas las personas que laboran en esta empresa, por pequeña que sea su responsabilidad, deberán, de cumplirla en su totalidad en tiempo, calidad y forma
- En caso de incumplimiento se sujetará a las consecuencias establecidas en los Contratos de Trabajo y al Reglamento Interno de Trabajo.

Factor Wow

- Todas las personas que prestan sus servicios en esta organización, deberán cumplir con sus obligaciones laborales de forma eficaz o, de lo contrario, se harán acreedores a la sanción correspondiente, especificada en el Contrato de Trabajo y el Reglamento Interno de Trabajo.
- Choco-Rico está consciente que la Planeación Estratégica significa un incremento en el trabajo y atención de los equipos y personas responsables, por lo que ha implementado una serie de incentivos al momento de lograr en tiempo y forma la estrategia del presente año. Los incentivos incluyen:
  o Becas para cursos especializados en el interior y exterior del país
  o Promociones de puesto
  o Viajes todo pagado para familias, y
  o Bonos económicos departamentales.

Ejemplos de la vida real

- Una semana libre pagada.
- Una estrella grabada para cada empleado.
- 500 dólares de ahorro en compras de mercancías.

- Una fiesta para tu niño.
- Un día en el spa.
- Un viaje redondeo para dos personas.
- Una cena para dos.
- Un año de café gratis.
- 200 dólares en certificado de regalo.
- Una tarjeta prepagada de 50 dólares.
- Un mes de video en rentas.
- Unas lecciones de cocina.
- Un año en limpieza de calzado.
- Tres meses de entrenador personal.
- Una carta de agradecimiento del Director Mundial.
- Un software para computadora personal.
- Entradas para un juego.
- Entradas para una gala de año Nuevo.
- Un servicio de limpieza de casa.
- Beca para uno de tus hijos.
- Un vale por 200 dólares.
- Tickets para eventos profesionales.
- Unas clases de danza o de baile.
- Un viaje a Hawai.
- Una televisión de pantalla plana.
- Una pantalla para tu nueva computadora.
- Una lap-top.
- Una Netbook.
- Una membresía para un club.
- Un planificador del tiempo.
- Unas clases de planificación.
- Un desayuno con el Director General.
- Un equipo de audio.

- Un año de corte de pelo.
- Un bono para la limpieza de tu coche.
- Un vale para una expedición.
- Un ticket para Disneylandia.
- Un crucero de tres días.
- Un servicio de limusina.
- Un video de historia familiar.
- Una video conferencia con tu familia.
- Un álbum familiar organizado.
- Una reunión familiar organizada.
- Un entrenamiento en algún tema de elección.
- Una asesoría en tu desarrollo de carrera.
- Un Tour guiado en un museo.

Ejercicio

Con lo que hemos compartido hasta el momento, realiza un ejercicio similar al que hizo Choco-Rico donde hagas la clarificación de tus Factores de Vómito y Factores de Éxito.

Puedes también hacer varios ejemplos con la intención de que selecciones aquellos que más te hagan sentido y tengan un mayor retorno económico.

SECCION 3
CONCLUSIONES

ADVERTENCIAS

"Los Directores, empresarios, líderes, administrativos y trabajadores de una empresa u organización, se encuentran en un espacio laboral con la finalidad de producir resultados en el tiempo y en la forma en que son necesitados. Pero no para producir excusas ni justificaciones perfectas y a tiempo."

"No es siempre lo que nosotros sabemos o analizamos lo que hace una buena decisión. Es lo que nosotros hacemos después de que nosotros tomamos la decisión para implementar y ejecutar lo que hace una buena decisión"

William Pollard

Durante muchos momentos en este libro hemos comentado una y otra vez que hay un común denominador dentro de los planes estratégicos que se realizan en todo el mundo, en todas las personas, en todos los niveles, en todas la industrias y en todo lo más imaginable que te puedas crear al respecto de planes, y ese común denominador es: "donde fallan", y te voy a comentar que es: -IMPLEMENTARSE-.

Discúlpame por gritarlo de esta manera pero es verdad, es nuestro deber el comentarte y ser los primeros en informarte que si tu haz completado la realización de tu plan estratégico entonces "eso es lo típico, lo común, lo que todo mundo hace",

No queremos ser negativo en esta parte que te estamos comentando pero si tu plan no está vivo y se convierte en una parte influyente para ti en el futuro, entonces necesitamos ser brutalmente honestos acerca de las fuerzas del mal que vas a enfrentar y cómo vas a poder sobrevivir

Tú tienes mejores cosas qué hacer con tu tiempo en vez de hacer planes que tengan muy poca oportunidad de sobrevivir, así que si vas a estar comprometido en realizar tu plan, pues debes de llevarlo hasta las últimas consecuencias, no solamente hacer un plan para que no se implemente o se lleve a cabo mediocremente.

"El perro se comió mi trabajo" y otras excusas.

Los planes estratégicos no se llegan a implementar por tres razones muy importantes: las tácticas matan a la estrategia, la tiranía de lo urgente y simplemente no se hace.

#1 *La operación mata a la estrategia.*

Las emergencias diarias son devoradoras de tiempo y muchas cosas más cuando te desvías de tus objetivos y no trabajas apegado totalmente a un problema táctico.

Si postergas o no haces las actividades estratégicas hoy, aparentemente "nada pasa", pero el problema va a venir después diez veces más grave.

Debes de tener absolutamente claro lo siguiente: las actividades estratégicas siempre van estar sometidas a presiones tácticas. Sí, correcto, siempre va a haber una tensión entre las actividades operativas, las del día a día y las actividades estratégicas, ¿dijimos que con la estrategia tendrías menos trabajo y que todo iba a ser de color de rosa?, ¡por supuesto que no!, tú debes de hacer bien, rápido y de manera precisa ¡las dos!, porque unas te aseguran un día más de vida y las otras te aseguran una vida.

#2 La tiranía de lo urgente

La crisis de la jornada y los juegos que siempre demandan prioridad sobre una actividad estratégica pueden obstaculizar o desviarte de tus objetivos, olvidate por un momento de ellos, tú debes dejar todo e ir a buscar las prioridades que tu estategia demanda; "todos los días el infierno se viene abajo y tú tienes que salir del cielo para poder rescatar a todos los habitantes de la tierra".

Lo urgente siempre creará caos, confusión, extra esfuerzo, extra trabajo, gastritis, sudor, divorcios, enojos, ira, llanto, etc, ¡SIEMPRE!, así que debes de detenerte a poner medidas definitivas para que lo urgente deje de ser urgente, dije MEDIDAS DEFINITIVAS, y si, si se puede evitar que el 95% de lo urgente deje de ser urgente.

#3 Simplemente se hace mucho y no se hace nada

Y para terminar, un problema común es que se hace mucho y no se hace nada, ¿cómo es esto?, a continuación te mencionamos algunas de las ideas claras que afectan el poder de hacer y el poder de lograr:

- Por inactividad: es haciéndolo perfecto "en papel" sin un final establecido o deadline, con miles y miles de juntas, con requisiciones continuas para mayores estadísticas, reportes, estudios y evaluaciones los cuales reemplazan a la acción necesaria para lograr las cosas.

- Indecisiones: normalmente es creada por una mala actitud que a su vez es generada por la inseguridad de las personas o de la compañía misma para tomar decisiones. Es la historia recurrente del Director General que demanda a sus subordinados tomar riesgos pero donde él mismo admite que no tolerará una falla en el futuro.

- Competencia: como el proverbio lo dice "una casa dividida no puede ser sustentada", en donde tu gente compite entre ellos mismos entonces el resultado normalmente es que hay más perdedores que ganadores.

Inyecciones para tu estrategia

La implementación es "donde el lápiz se une con el camino" aquí es donde tú inviertes y aplicas el mayor porcentaje de tus activos finitos, tiempo y conocimiento para el futuro y el pago de la estrategia, así que aquí vienen algunas ideas que te ayudarán a asegurar ese plan, tu sueño, tu visión y tu prestigio como Directivo y líder competente e innovador.

1. El Responsable de la estrategia a nivel general es el Director General

Muchas Organizaciones comenten el gravísimo error de contratar a un nivel medio para el monitoreo de la implementación de la estrategia.

Imagínate a Alejandro Magno que contrata a un soldado para que ese soldado le pida cuentas a los Generales de Alejandro Magno, ¿cómo se ve la escena?, ¡Alejandro mismo les pedía cuentas a sus Generales!,. Así mismo debe de ser en el caso de cualquier organización, la máxima autoridad debe de pedirle cuentas a sus generales y sus generales le rinden cuentas a él, asi mismo, va sucediendo "aguas abajo" o hacia abajo en la jerarquía organizacional.

2. Asigna un Orquestador Estratégico o Responsable Estratégico por Proyecto

Cada proyecto estratégico necesita un Responsable que sea devoto en observar la implementación estratégica desde su inicio hasta su final.

Nosotros no creemos que este rol pueda ser delegado a un subordinado del Responsable, de hecho, si el orquestador estratégico no tiene la suficiente autoridad y liderazgo para lograr que las cosas sucedan dentro de la organización, puede significar en el futuro un número muy importante de problemas porque va a confundir sus prioridades con sus otras actividades.

Un Responsable Estratégico comprometido engendra respeto y puede sostener a la gente dentro de sus tareas de forma razonable y, además, siendo responsable por sus propias tareas y rindiendo cuentas de sus resultados.

Un Responsable Estratégico que está comprometido viene con resultados, con soluciones, con opciones, con hechos concretos; no viene con vacilaciones, con excusas, con justificaciones, con diálogos, con traiciones.

3. Conduce un seguimiento calendarizado de rendición de cuentas

Debes de ser ortodoxo y seguir, al pie de la letra, el protocolo para llevar a cabo reuniones calendarizadas en donde se realice la rendición de cuentas por cada Orquestador Estratégico.

Estas reuniones son bastante ágiles, en donde no se esperan otra cosa de los orquestadores más que los resultados de cada una de las acciones emprendidas y de cómo se está cumpliendo cada vez más el programa estratégico planteado.

¿Cada cuando debes realizar una junta de Seguimiento Estratégico? En Planeación Estratégica TOTAL, nosotros tenemos un programa muy establecido y comprobado que ha dado resultado con cientos de organizaciones que se apegan a él, los mejores resultados los vemos cuando la alta dirección se reúne al menos una vez a la semana para realizar la junta de Seguimiento Estratégico.

4. Apégate a los Deadlines o Fechas Fatales

Al no apegarte a las fechas fatales estas cavando tu propia tumba, verás, hay dos opciones que se presentan para las empresas en diferentes momentos y por las cuales las fechas fatales son importantes:

- Por Visión: Un pequeño y atrevido grupo de empresas pone fechas fatales en su plan porque desea, porque quiere llegar a obtener algo en un momento específico, lo quiere obtener porque tiene la visión de obtenerlo en ese momento,
- Por necesidad: El grupo más grande de empresas tiene la necesidad de colocar fechas fatales en su plan estratégico porque requiere, sin dudar, que en esa fecha sea lograda, cumplida u obtenida tal cosa, porque de otra manera puede entrar en problemas desde pequeños hasta muy serios.

5. Aplica los Factores de Vómito y Factores Wow.

Tú puedes recordar que nosotros decíamos que los colaboradores en general son orientados al corto plazo (al final del día de trabajo, al final del periodo de pago o al final del mes), tristemente esto muestra ser verdad en muchísimas formas. 90% de los ciudadanos americanos a la edad de los 65 años no son económicamente independientes y sobre 40% no tienen nada de dinero en el banco, muchos de ellos viven de cheque en cheque, y esto mismo se refleja, muchas veces de una manera más extrema en otros países del mundo.

El dilema aquí es que la estrategia en la mayoría de ocasiones, tienen su resultado en el largo plazo (meses o inclusive años para llegar a dar los frutos), así que muchos de los trabajadores se estresan demasiado o se ven abrumados cuando ven que algo es a largo plazo y tu prometes su recompensa, no en el corto plazo que es como están acostumbrados ellos, sino en el largo plazo.

Nosotros te recomendamos esto porque, durante la etapa de la implementación, es lo más esencial darle a los empleados una visión de corto plazo, de tal manera, que se sientan motivados en mantener su interés y poner presión para revertir su probable abrumamiento al ver que las cosas sólo se dan en el largo plazo. Los empleados deben tener perspectivas a corto plazo para que obtengan resultados tangibles y puedan seguir mostrando interés por la estrategia. Así que aquí es donde utilizas tu factor de vómito. Sólo para recordarte: ¿qué es un factor de vomito? es aquel que es mucho muy difícil de ignorar; Es la consecuencia de un proyecto exitoso que no se completó.

Divide el proyecto estratégico en determinados pasos y crea incentivos (un factor de vomito o factor Wow) en cada paso, calcula el beneficio final de resolver el problema estratégico y asigna una porción de los incentivos para recompensar cada paso si el plan es cumplido.

Incentiva con un Factor Wow a los colaboradores en "Plaza Pública" cuando ellos completen el paso y para mantener el proyecto fresco y a los colaboradores estimulados y también aplica factor de vomito en "plaza pública" cuando los plazos no sean completados para mantener el proyecto vigente.

RECONOCIMIENTOS

Primero que nada, queremos agradecerte de manera infinita el tiempo que te tomaste para leer cada página de este valioso libro que, te provee de una fabulosa metodología para hacer planeación estratégica y que hemos creado con la más clara intención de ayudar a miles de organizaciones en todo el mundo y a decenas o cientos de miles de personas que trabajan en ellas y a cada una de sus familias para que, día con día, tengan mejores mañanas y una mayor prosperidad.

El Método de Planeación Estratégica TOTAL® exclusivo de Ignius Innovation® no podría ser posible sin la ayuda de miles de participantes que han asistido a nuestros talleres de estrategia que con sus aportaciones, preguntas y situaciones particulares nos han detonado y han cooperado, cada una de ellas, en el pulido de esta grandiosa metodología que ahora tienes la fortuna de disfrutarla físicamente en tus manos lista para leerla y ser puesta en práctica. A todos estos miles de participantes Mil Gracias.

Planeación Estratégica TOTAL® tampoco podría haber sido posible sin la ayuda de todas y de cada una de las personas de nuestro equipo de trabajo élite que integran las diferentes empresa e iniciativas que con su dedicación y enfoque diario nos ayudan normalmente, no sólo con su trabajo y dedicación a mejorar la metodología, sino a que nosotros podamos estar enfocados en la creación y perfeccionamiento del método. A todos y a cada uno de nuestros miembros de equipo de trabajo élite Mil Gracias.

Y también el método de Planeación Estratégica TOTAL® no podría haber sido posible sin la ayuda de todos nuestros colegas y autores predecesores que, con sus ideas e iluminaciones nos han ayudado a crear algo muy positivo y sin igual a favor de la planeación estratégica, tanto para empresas como instituciones. Sería imposible no dejar fuera alguien, pues han sido muchos, muchos años dedicados al perfeccionamiento de la planeación estratégica, sin embargo, queremos de manera especial recomendarte que leas los siguientes textos, los cuales nos han ayudado enormemente y en donde también podrás encontrar información muy valiosa:

- Less is more, Jason Jennings
- El mito del emprendedor, Michael E. Gerber
- Execution, Larry Bossudy y Ram Charan
- El arte de la guerra, Sun Tzu
- Lo que saben los mejores CEO, Jeffrey A. Krames
- Funky Business Forever, Kjell A Norstrom y Jonas Riddeedtrale
- Competitive Strategy, Michael E. Porter
- Strategy Maps, Robert S. Kaplan y David P. Norton
- Sun Rzy y el arte de los negocios, Mark McNeilly
- Empresas que Perduran, James Collins y Jerry I. Porras
- Deep Dive, Rich Howath
- Alignment, Robert S. Kaplan y David P. Norton
- The Effective Executive, Peter F. Drucker
- Hacer lo que importa, James M. Kilts
- 60 Minute strategic plan, John E. Johnson y Anne Marie Smith
- Balance Scorecard Diagnostics, Paul Nieven

- Good strategy bad strategy, Richard Rumelt
- El cultivo de tu fregonería, Enrique Canales
- La estrategia del océano azul, W. Chan Kim y Renee Mauboegne
- Simplicity, Bill Jensen
- Drive, Daniel H. Pink

Y junto con todos estos Grandes Autores no podría faltar un Reconocimiento Especial a Brian Tracy, quien por años ha sido nuestro fabuloso modelo, inspiración y Maestro. A todos y a cada uno de ellos Mil Gracias.

Ana María Godínez González

Psicóloga, Empresaria, Escritora, Conferencista, Master en Dirección Estratégica y Gestión de la Innovación; Experta en Grupos Operativos, Herramientas Avanzadas de Educación y Entrenamiento Dinámico, Liderazgo Transformacional y Ventas; especializada en procesos Industriales y Métodos de Negociación y Solución de Conflictos, cuenta con más de 16 años de experiencia práctica profesional.

Su formación y crecimiento interpersonal la han llevado a desarrollar innovadoras perspectivas en soluciones únicas de Productividad, Liderazgo, Ventas, Estrategia, Marketing, Éxito y Desarrollo Personal, creando un gran poder de transformación y acción, generando enormes beneficios, ventas y utilidades en las empresas y organizaciones asesoradas.

Desde muy temprana edad demostró sus habilidades en los negocios y relaciones humanas, creando emprendimientos de alta calidad, pero sobre todo, siempre orientados a resultados con una amplia perspectiva de futuro. En lo académico se destacó por ser invitada por profesores a compartir sus habilidades en Aprendizaje Acelerado.

Sus habilidades de Comunicación la han llevado a ser ampliamente reconocida por sus "video-entrenamientos" que, mes a mes, llegan a miles de personas en toda América

Gustavo Hernández Moreno

Empresario, consultor y constante conferencista internacional, Ingeniero Industrial, Máster en Dirección Estratégica y Gestión de la Innovación es, también, Experto en Desarrollo Tecnológico, Diseño de Software, Métodos de Solución de Problemas y Creador de Trabajo Eficiente; así mismo Inventor, Fotógrafo, Productor, Editor y Escritor.

Se desempeñó exitosamente como Director General de una reconocida compañía proveedora internacional de la Industria Automotriz, cuyas ventas anuales superaron los $100 millones de dólares entregando sus productos a diferentes y destacadas marcas continentales como BMW, Toyota y GM, entre muchas otras.

A sus logros se suman la creación de diversas empresas de Innovación y Desarrollo de Tecnología aplicada a productos, procesos y servicios, cuyas patentes llegaron a protegerse y comercializarse internacionalmente por sumas mayores a los $20 millones de dólares.

Es un creativo ejemplar e incansable, que está en una continua búsqueda y desarrollo de soluciones que ayuden a cientos de miles de personas y organizaciones a tener mejores resultados y aumentar su nivel de prosperidad y felicidad.

Con más dos décadas de experiencia como Pensador Estratégico, Desarrollador, Inventor, Emprendedor, Innovador e Implementador de Sistemas de Mejora Continua y Reingeniería de Productos, Procesos y Servicios en múltiples organizaciones, es hoy por hoy, uno de los más destacados líderes en la Creación de Estrategias Cuánticas.

Solicitud de Información

Por favor envíenme información acerca de:

Próximos talleres y eventos.

Adquisición de libros.

Servicios especializados de asesoría.

Nombre: _____

Compañía: _____

Teléfono:_____ (___) _____

Dirección:_____

Ciudad:_____ Estado:_____

C.P.:_____

País:_____

Notas adicionales: _____

_____

Para recibir la información señalada, favor de enviar este formulario por
e-mail escribir a: info@ignius.com.mx